看盘

快速入门 ②

通往交易赢家殿堂的第一级阶梯

郭志荣 ◎ 著

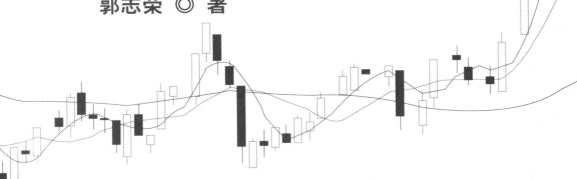

中国股民入市基础技能训练教程

跨越牛熊，畅销七年的经典，口碑卓越的新股民脱盲指南

K线定义、组合形态详解＋指标初级应用指南＋实战图例分析

普及常识 ※ 实用至上 ※ 图文并茂 ※ 案例丰富

SPM
南方出版传媒
广东人民出版社

图书在版编目（CIP）数据

看盘快速入门2（黄金版）/郭志荣著. —广州：广东人民出版社，2016.1

ISBN 978 - 7 -218 - 10250 - 4

Ⅰ.①看… Ⅱ.①郭… Ⅲ.①股票交易—基本知识 Ⅳ.①F830.91

中国版本图书馆 CIP 数据核字（2015）第 166103 号

Kanpan Kuaisu Rumen 2

看盘快速入门2（黄金版）

郭志荣 著

出 版 人：曾 莹

责任编辑：肖风华 温玲玲
封面设计：张建民
责任技编：周 杰 黎碧霞

出版发行：广东人民出版社
地 址：广州市大沙头四马路 10 号（邮政编码：510102）
电 话：（020）83798714（总编室）
传 真：（020）83780199
网 址：http：//www.gdpph.com
印 刷：广东昊盛彩印有限公司
开 本：787mm×1092mm 1/16
印 张：16.5 字 数：228 千
版 次：2016 年 1 月第 1 版 2016 年 1 月第 1 次印刷
定 价：39.80 元

如发现印装质量问题，影响阅读，请与出版社（020 - 83795749）联系调换。
售书热线：（020）83795240

你也能成为看盘高手（总序）

　　如果说股市是一个战场，那么，在多空博弈的过程中，你能否通观全局，把握战机，安然胜出？机会的把握也许有很大的偶然性，但获胜至少有一个前提，那就是你能正确判断大盘和股票的运行趋势，在正确的时间选择正确的股票。而要做到这一点唯一的方法就是学会看盘。

　　一、证券投资，看盘高于一切

　　业内有句很流行的话：盘面反映一切。

　　如果你不能读懂盘面的语言，又如何把握股价变化的趋势？更不要说精确地拿捏进场、出场时机。因此，不能读懂盘面，请勿炒股。否则就是瞎子摸象，永远不明真相，盈利赢得稀里糊涂，亏损输得也稀里糊涂。

　　为了避免成为股市的冤大头，在踏入股市之前，你必须要学会看盘。进入股市之后，你要在实战中不断提高看盘技术，最终成为看盘高手。随着看盘技术的提升，炒股盈利的概率也会日渐上升。有人总以为炒股是一击制胜，但长期沉湎在股市就会明白，炒股盈利更应该是概率事件，巴菲特就是典型例子。当你拥有较高的盈利概率的时候，赚钱应该是件水到渠成的事了。

　　那么，看盘看什么？打开软件，你睁眼看到的所有信息都是看盘的内容——大盘有指数、涨跌家数和涨跌比例等，个股有价位的变化、卖盘买盘、委比、量比和成交量；有分时图，有Ｋ线图，有开盘集合竞价，也有盘中股价起伏跌宕，还有各种五花八门的指标。盘面是一个包罗万象的大

杂烩，所有的东西都要精通恐怕很难。事实上，也并不需要掌握那么多东西。我们需要的是抓住关键的、对我们炒股有切实帮助的东西。

有人说看盘就是培养看盘的感觉，但感觉这东西很玄乎，谁也说不清。能看清说清的是盘面实实在在的数据和线条形态。对于初学者来说，这些东西就是我们要学习的。只有把这些基础的东西学会了，你才能对盘面信息加以综合研判，对股价的走势做出正确合理的判断。日后你才能产生对盘面的直接感觉，即高手们所谓的"盘感"——一种将技术融会于心后的本能反应。在达到那种境界之前，我们需要先把基本功练好。

二、《看盘快速入门（黄金版）》系列，提高看盘技术的良师益友

为了帮助股民朋友学习看盘的基础知识，提高看盘水平，老郭总结了这几年的看盘经验，隆重推出《看盘快速入门（黄金版）》系列丛书。

本套丛书从最基本的入门知识讲起，循序渐进，最后达到看盘高级阶段。

《看盘快速入门1（黄金版）》，主要讲述K线和平均线，以及部分常用指标。K线是看盘的基础，单根K线有单根K线的市场含义，K线组合有K线组合的含义。比如，涨势初期的大阳线表明入场积极，后市看好。再比如，高位出现"三只乌鸦"组合，表明空头气氛浓厚，赶紧出局为妙。而平均线的作用也是很明显的，单日K线可以作假，平均线相对要真实得多。通过对平均线组合的研判，我们可以很好地把握股价运行的趋势，这对散户来说尤为重要。另外就是各种技术指标。技术指标都是专家长期研究的成果，也经过了市场无数次的检验，所以能合理运用指标当能起到事半功倍的效果。比如股价创新高，但KDJ指标并没有跟随，反而掉头向下，这说明股价短时见顶，以出局为妙。

《看盘快速入门2（黄金版）》主要讲述一些复杂的K线组合和分时图的研判。分时图的研判对喜欢做短线的股民朋友来说是必不可少的。从分时图中，我们可以直观地看到盘面的强弱、主力的意图等。比如分时图上

显示价涨量增，说明场内多方占据优势，后市看涨。从分时图上，我们可以精确地把握进场的时机，比如大盘向好，个股股价节节攀升，那么每次缩量回调的低点就是买入的时机。再如有些股票在盘中无量横盘，那么再次放量拉升的时候就是最好的买入时机。当然，分时图看起来很简单，要全面掌握也不是件容易的事。只要我们有足够的耐心和细心，相信很快就能掌握它的奥秘。

《看盘快速入门（黄金版)》系列丛书，最大的特点是手把手教你，从零开始炒股票。

既然是入门书，我们从最基础的东西开始讲起。你别小看这些最基础的东西，市面上许多高深的看盘技巧都是从这些最基础的东西不断演化而来的。就是这些最基础的东西（技巧），里面也包含很多成功率很高的方法。往往是这些看似简单的方法，反而帮你赚钱。

技术分析并不是那么高深。看盘就那么几招，简单的才是最有效的。本书的讲述简单明白，精心选取的 K 线图加上简练的点评，让你身临其境，一学就会，学会即可用。一册在手，受益无穷。

三、建立严格的操盘纪律

从事股票投资多年，我所接触的成功投资者，有两个基本特征：一是熟练地掌握了看盘技巧，擅长技术分析；二是具有良好的投资纪律和投资心态。所以，我在各种场合反复告诫投资者，在加强看盘技巧的同时，还要修炼投资心态，反复总结并最终形成严格的投资纪律。

从某种意义上讲，投资纪律比看盘技巧更重要。良好的看盘技巧，能使你赢得账面财富，严格的投资纪律，能使你的账面财富落袋为安。

举例来说，止盈止损是一个最基本的投资纪律。严格止损，会使你减少大量亏损的可能，严格止盈，会让你账面利润转变成现实的财富。严格执行止盈止损纪律，最终结果是截短亏损，让利润奔跑。

《看盘快速入门（黄金版)》系列丛书还会坚持出版下去。我希望这套

丛书能够切实提高中国投资者的看盘水平，今后各位如果在看盘方面有什么好招、绝招，也可以来信来电沟通。

老　郭

2015 年 10 月于羊城

目 录

分时图是指大盘和个股的动态实时（即时）分时走势图，它在实战研判中的地位极其重要，是即时把握多空力量转化（即市场变化）的直接根本。看盘，必须把 K 线图和分时图结合起来看。

第二章　趋势线分析与运用　107

华尔街有句名言：不要与趋势抗衡。趋势就是股市涨跌的运行规律。趋势线是一种研究可能出现的股价趋向的有效分析方法。

趋势线是用画线的方法将低点或高点相连，利用已经发生的事例，推测未来大致走向的一种图形分析方法。

第三章　技术图形的识别与运用　133

技术图形分为普通技术图形和特殊技术图形。了解每种技术图形的形成原理和操作要点，对于初学者来说非常重要。看盘入门，必须熟记几十种技术图形。

第四章　技术指标的分析与运用　199

　　各种技术分析指标没有优劣之分，能让你赚钱的技术分析指标就是好指标。如果你使用某一种技术分析指标多次赚钱，你就坚持使用下去。如果你使用这种技术分析指标多次亏钱，你就毫不犹豫地放弃它，再使用另一种指标。周而复始，你一定能找到让你赚钱的那一种。

第一章

分时图的识别与运用

分时图是指大盘和个股的动态实时（即时）分时走势图，它在实战研判中的地位极其重要，是即时把握多空力量转化（即市场变化）的直接根本。看盘，必须把 K 线图和分时图结合起来看。

第一节　什么是分时图

分时图是指大盘和个股的动态实时（即时）分时走势图，它在实战研判中的地位极其重要，是即时把握多空力量转化（即市场变化）的直接根本。K线图很重要，但它毕竟是经过一段时间形成的，远远没有分时图那么直接地反映盘面即时的变化，而我们的投资者往往只看K线图，这不能不说是一个重大缺陷。对于一些喜欢做超短线的投资者来说，分时线尤其重要。下面我们来了解一下分时图。

一、大盘指数即时分时走势图

大盘指数即时分时走势图简称大盘指数分时图。在一般电脑上显示的指数分时图为彩色，分为白色曲线和黄色曲线。本书为黑白印刷，仍沿用了两种曲线，读者朋友可对照电脑屏幕进行阅读。如图1-1所示，它包括以下一些要素：

（1）白色曲线：表示大盘加权指数，即证交所每日公布的、我们常说的大盘实际指数。

（2）黄色曲线：大盘不含加权的指标，即不考虑股票盘子的大小，将所有股票对指数影响看做相同而计算出来的大盘指数。

参考白色、黄色两条曲线的相互位置可知：

①当大盘指数上涨时，若黄色曲线在白色曲线走势之上，表示发行数量少（盘小）的股票涨幅较大；若黄色曲线在白色曲线走势之下，则表示发行数量多（盘大）的股票涨幅较大。

②当大盘指数下跌时，若黄色曲线仍然在白色曲线之上，表示小盘股的跌幅小于大盘股的跌幅；若白色曲线反居黄色曲线之上，则说明小盘股

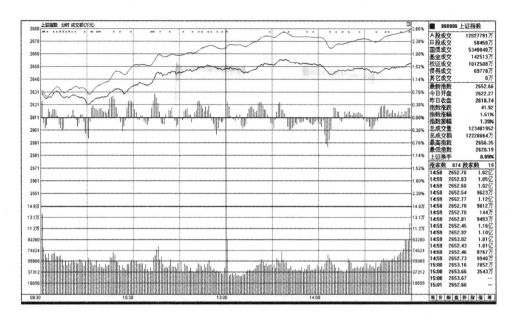

图 1 - 1　上证指数　999999

的跌幅大于大盘股的跌幅。

（3）红绿柱线：在红白两条曲线下方有红绿柱状线，是反映大盘即时所有股票的买盘与卖盘在数量上的比率。红柱线的增长缩短表示上涨买盘力量的增减；绿柱线的增长缩短表示下跌卖盘力度的强弱。

（4）黄色柱线：在红白曲线图最下方，用来表示每一分钟的成交量，单位是手（每手等于 100 股）。

二、个股即时分时走势图

个股即时分时走势图简称个股分时图，如图 1 - 2 所示，它包括以下一些要素：

（1）白色曲线：表示该种股票即时实时成交的价格。

（2）黄色曲线：表示该种股票即时成交的平均价格，即当天成交总金

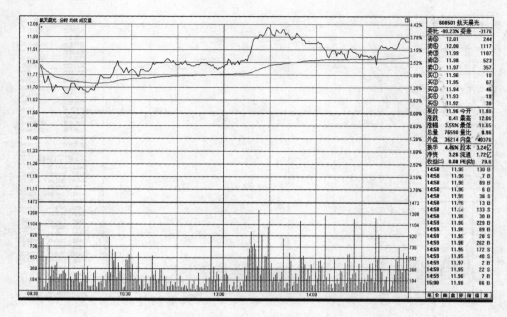

图1－2　航天晨光　600501

额除以成交总股数。

（3）黄色柱线：在红白曲线图下方，用来表示每一分钟的成交量。

（4）成交明细：在盘面的右下方为成交明细显示，动态显示每笔成交的价格和手数。

（5）外盘、内盘：外盘又称主动性买盘，即成交价为卖出挂单价的累积成交量；内盘又称主动性卖盘，即成交价为买入挂单价的累积成交量。外盘反映买方的意愿，内盘反映卖方的意愿。

（6）买一、买二、买三等：为委托买入价格，其中买一为最高申买价格。

（7）卖一、卖二、卖三等：为委托卖出价格，其中卖一为最低申卖价格。

（8）委买手数：是指买一、买二、买三等所有委托买入手数相加的总和。

（9）委卖手数：是指卖一、卖二、卖三等所有委托卖出手数相加的总和。

（10）委比：委买委卖手数之差与之和的比值。当委比为正值时，表示买方的力量比卖方强，股价上涨的概率大；当委比为负值的时候，表示卖方的力量比买方强，股价下跌的概率大。

（11）委差：委买手数与委卖手数的差值。

（12）量比：是指当天成交总手数与近期成交手数平均的比值，具体公式为：

$$量比 = \frac{现在总手}{\dfrac{5\,日总手}{1200\,分钟} \times 开盘多少分钟}$$

量比数值的大小表示近期此时成交量的增减，大于 1 表示此时刻成交总手数已经放大，小于 1 表示此时成交总手数萎缩。

（13）现手：已经成交的最新一笔买卖的手数。在盘面的右下方为即时的每笔成交明细，红色向上的箭头表示以卖出价成交的每笔手数，绿色箭头表示以买入价成交的每笔手数。

以上各要素在不同的软件里可能有不同的表示方法，比如用不同的颜色，投资者不必拘泥。

第二节　分时图的构成要素

一、分时线

如图 1-3 所示，分时图中有两条曲线，比较曲折的线是分时线，比较平滑的是均价线。一般的软件默认白色线为分时线，黄色线为均价线。分时线就是把每分钟最后一笔成交价格确定为一个点，一天交易 240 分钟就确定了 240 个点，把这些点连接起来就形成所谓的分时线。分时线代表了股价在当日交易时间的波动变化，其重要性不言而喻。分时线的波动形态反映了盘中交易的具体状况，从形态上我们可以基本掌握股价涨跌的力度，然后据此研判股价未来的走势。

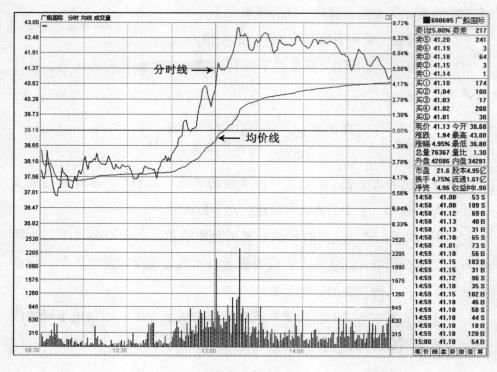

图1-3　广船国际（中船防务）　600685

这里要强调的是，分时线记录的是每分钟的最后一笔成交价格，而不是每一笔成交价格，这是有很大区别的。当然这也是一个遗憾，因为它忽略了这一分钟内其他的成交情况，不能不说有一定的片面性。这个缺陷投资者可以利用成交明细表来弥补，在后文我们对此有具体讲解。

如图1-3所示，广船国际（现名"中船防务"）在当日低开后分时线围绕均价线上下波动，成交量非常小，这是典型的震荡整理走势，股价未来会上涨还是下跌不好确定，投资者此时唯一能做的就是观望。但是在上午收盘前半小时成交量逐渐放大，股价迅速上升，分时线也随之上涨，角度也变得越来越陡峭，量价配合比较好，说明有资金在积极建仓，投资者可以跟随进场做多。

如图1-4所示，广州冷机（现名"东凌粮油"）在开盘后迅速下跌，分时线笔直向下，下跌角度陡峭，这是强势下跌的特征。此后股价进入长时间的横盘走势中，虽然分时线偶有抬头，但由于缺乏成交量的配合，上涨趋势很难维持，稍有上涨就被打压下来。该股午后继续下跌，分时线一波比一波低，尾盘的时候突然放量，分时线垂直向下，直达跌停板，这应该是恐慌性抛售所致。

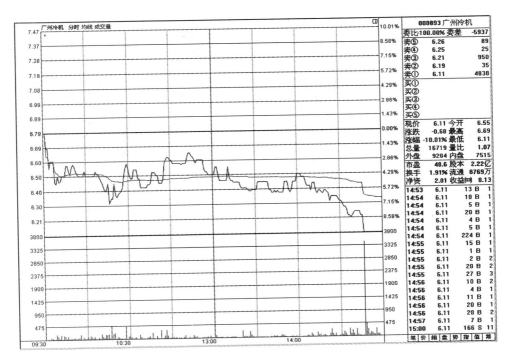

图 1-4　广州冷机（东凌粮油）　　000893

二、均价线

　　刚才讲过，分时图中有两条曲线，除了上面讲的分时线，另一条就是均价线。如图 1-5 所示，比较平滑的那条曲线就是均价线。均价线是如何形成的呢？它是由某一时刻的成交额除以成交量得出的。均价线代表的是当日某

时入场资金的平均持仓成本。假设当天入场资金大多数为庄家所为，那均价线可以说是庄家的持仓成本线，因此它对股价的走势有支撑和压力作用。

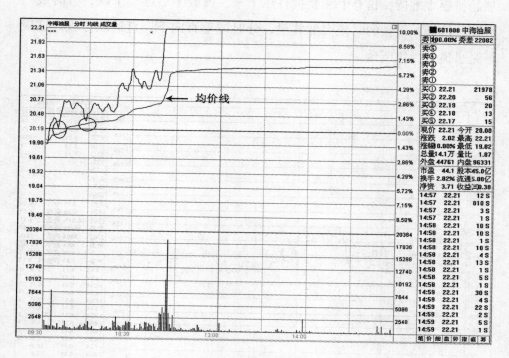

图1-5　中海油服　601808

所谓均价线的支撑作用就是：当分时线处于上升通道，它每次向下回落触及均价线后都能得到支撑，然后重新起涨。

所谓均价线的压力作用就是：当分时线处于下降通道，它每次向上反弹触及均价线后都会受到压力，然后重新回落。

既然均价线有支撑和压力作用，那么我们就可以利用它来决定操作策略。当分时线处于上升通道时，如果回落到均价线然后重新起涨，可以买入。反之，当分时线处于下降通道时，如果反弹到均价线后重新回落，立刻卖出。

如图1-5所示，中海油服在当日低开高走，分时线快速上冲，均价线也随之上升，说明场内资金大部分看多，持仓成本越来越高。从图中可以看出，每次股价回落到均价线附近就止跌反转，而且每一次回落的低点都比前次要高，也就是低点越来越高。这说明投资者越来越看好该股当日的走势，觉得多花点成本也是值得的，以至股价水涨船高，均价线逐步上移。投资者可以在股价回落到均价线附近时关注，一旦分时线反转向上便立刻跟进做多。当日该股强势涨停，及时跟进者获利颇丰。

如图1-6所示，中华企业在当日开盘后陷入震荡，均价线呈平行走势，后市不明，投资者此时可以观望，不要盲目操作。一个小时后，分时线穿过均价线上升，均价线随之上移，说明场内资金持仓成本抬高，多方力量占据上风，看多者居多。此后股价也有多次回落，但都在均价线上方反转向上，且回落点重心逐步上移，做多意愿非常明显。投资者见此情况可以及时跟进做多。

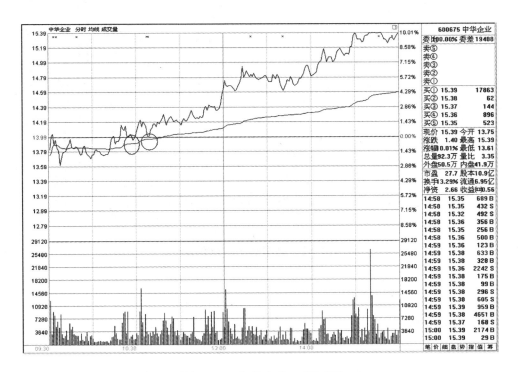

图1-6　中华企业　600675

总之，受到均价线强力支撑的股票，投资者可以密切关注，积极跟进做多。

如图 1-7 所示，华鲁恒升当日股价在开盘后跟随大盘迅速下滑，场内资金纷纷出逃，均价线也迅速下移，下降趋势明显。从图中可以看出，每次分时线反弹到均价线附近便反转向下，说明看空者居多，只要反弹到均价线附近，便有更多的抛盘砸出，导致分时线再次迅速回落，均价线的压制作用十分明显。在这样的走势下，投资者别无选择，只有尽早离场休息。

图 1-7　华鲁恒升　600426

三、成交量

对分时线和均价线的分析很重要，但我们不能忘记另一个很重要的东西，那就是成交量。价格和成交量是相辅相成、密切相关的。价格的变化来源于成交量。众多的资金做多，股价才会上升；反之，众多的资金做空，则股价下跌；如果多空平衡或者交投呆滞，股价则处于横盘状态。因此，成交量的变化揭示了资金的操作意愿和参与程度，也为投资者后市操作提供了很好的信息，可以借此决定买卖的时机。

成交量一般显示在分时图的下方，以柱状线来表示。长则表示量多，短则表示量少。

在看盘的时候，投资者需要密切关注成交量的变化，结合分时线和其他技术指标来研判后市，决定操作策略。

如图 1-8 所示，工商银行当日开盘后小幅上升，然后进入横盘整理状态，成交量一直没有多大变化。此时还看不出主力的操作方向。一个小时

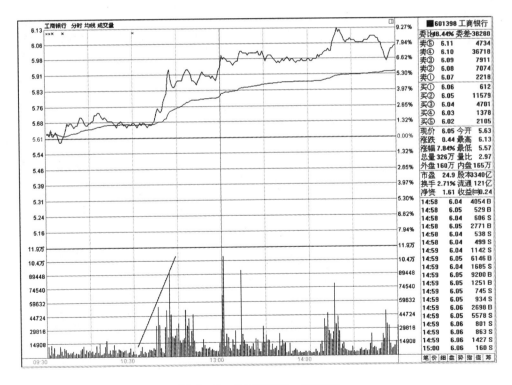

图 1-8　工商银行　601398

后，成交量逐步放大，分时线也同时迅速飙升。这说明做多资金占据上风，否则股价不会飙升。虽然当时也有大量卖盘出现，但马上就被更强大的买盘吞没了，股价重心不断上移。股价在低位的放量上涨，可以确认是主力建仓所为。成交量放大越迅速，说明主力的建仓心理越急迫，这才有不顾大量抛盘抬升股价的表现。如果股价没有放量就迅速上涨，要么是主力高度控盘，要么是制造多头陷阱，诱骗跟风盘高位接盘。由此可见，股价的变化与成交量的变化十分密切。

如图1-9所示，通宝能源当日大部分时间都在跌幅5%的位置徘徊，为什么最后会跌停呢？从成交量上就可以看出端倪。该股开盘便呈弱势走势，股价逐步下滑，但因为成交量没有放大，所以盘中股价没有剧烈的变化。临近收盘时成交量快速放大，股价迅速下落，表明有抛盘不计成本砸

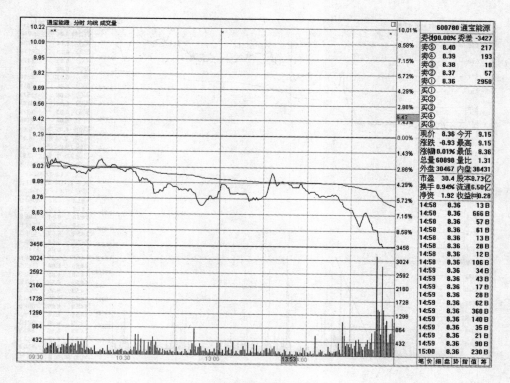

图1-9 通宝能源 600780

出，做空气氛迅速浓厚起来。最后成交量放出当日天量，这当是恐慌的投资者集体杀跌所为，跌停也是自然而然的结果了。

四、单笔成交

单笔成交一般显示在行情窗口的右下方，它显示的是每一笔的成交明细，大部分软件还会同时显示是买单还是卖单（B 或者 S）。看单笔成交有什么意义呢？分时线是由每分钟的最后成交价形成的，在一分钟内其他的成交价是被忽略的。而单笔成交呈现的是每一笔成交，这就可以让我们更具体直观地看到资金的操作方向。

如果成交量放大，通常不是一笔成交造成的，而是多笔成交所致。如果成交密集且每笔量都较大，那成交量自然放大，成交量柱线就越长；反之，如果成交稀疏且每笔量比较小，则成交量柱线就比较短。前面我们已经阐述过成交量的变化与股价的关系，这里就不再赘述。

如图 1 - 10 所示，中国人寿当日强势涨停，但从开盘后的走势一点也看不出来。该股当日开盘后稍作盘整就开始下跌，成交也不活跃，走势好像不太乐观。但是一个小时后，盘面有了重大变化。成交量逐步放大，股价也开始上升，分时线上升的趋势非常明显，量价配合比较完美，但像中国人寿这样的大盘股要涨停可不那么容易，没有巨大的资金根本无法撬动股价，所以我们有必要看一下资金的进出情况。从单笔成交中，我们可以看到连续的大单交易，甚至有单笔超过 700 手的大单成交，这肯定不是散户行为。这说明资金已经在积极进场做多，股价后市的上涨也就是必然的了。通过对单笔成交的分析，我们可以直接了解到主力资金的运行状况，跟随主力行动，便可以减少操作失误。

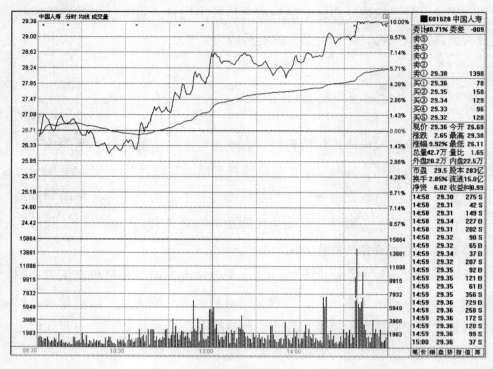

图 1-10　中国人寿　601628

五、量比指标线

量价配合是研判股价走势的基本方法，我们对股票的分析既不能只侧重量，也不能只侧重价，两者是相辅相成的。单纯分析价格的变化而忽略成交量的变化，就不能准确判断盘中资金的操作意图；反之，如果仅分析成交量的变化而不看价格的变化，就不能知道趋势的演变过程。

分析成交量有很多种工具，比如单笔成交、行情软件中的成交量柱形图等，这里介绍一种比较常用的成交量指标——量比指标。

1. 量比指标公式

$$量比指标 = \frac{\dfrac{当天即时成交量}{开盘至今的累计分钟数}}{\dfrac{前五天总成量}{1200\ 分钟}}$$

量比指标反映的是当前盘口的成交力度与最近五天的成交力度的差别，这个差别大小表明盘口成交活跃度，能体现主力即时做盘的盘口特征。量比指标可以说是盘口语言的翻译器，它是超级短线临盘实战洞察主力短时间动向的秘密武器之一。与各种技术指标完全不同，量比指标依据的是即时每分钟平均成交量与之前连续5天每分钟平均成交量的比较，而不是随意抽取某一天的成交量作为比较，所以能够客观真实地反映盘口成交异动及其力度。从操盘的角度看，量比指标直接反映在盘中，其方便快捷胜过翻阅其他的技术指标曲线图。

量比一般会出现在分时图的右侧，查看量比指标则需要输入字母"LBZB"，然后按"回车键"，在成交量的下方便会显示出量比指标线，如图1-11所示。

下面我们结合分时线来学习研判量比指标。

2. 双线向上

这里的双线向上是指：分时线与量比指标线在同一时期都形成了上升趋势。这说明盘中量价配合较好，股价的上涨有资金的支持。对具有这样走势的股票，投资者可以继续持有，或结合其他指标买进。双线向上是散户投资者进场的一个重要参考信号，而那些得不到成交量配合的上涨经常是主力的诱多的陷阱，投资者切记。

如图1-12所示，这是滨海能源在2008年年初某日的分时走势图。该股在开盘后呈震荡走势，一个小时内持续在昨日收盘价上下震荡，成交量同时逐渐萎缩。在这样的量价配合下，股价没有上涨的理由，此时投资者也只有继续观望的份。

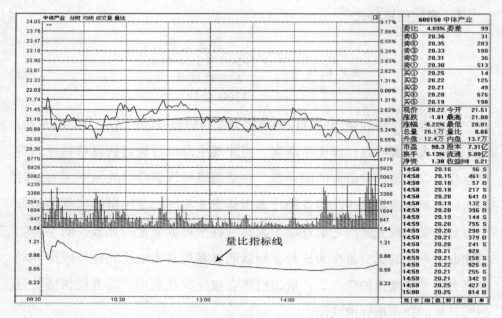

图1-11　中体产业　600158

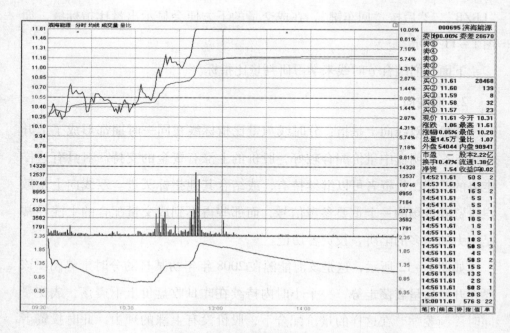

图1-12　滨海能源　000695

　　一个小时后，该股股价开始上升，成交量同时逐渐放大，说明场内资金开始积极建仓做多。从图中可以看到，分时线和量比指标线同时向上运行，量价配合默契，投资者此时可以择机介入做多。该股后来伴随着成交量的迅速放大而牢牢地封在了涨停板上。

3. 双线向下

　　这里的双线向下是指：分时线与量比指标线同时形成下降趋势。成交量持续萎缩，股价不断下跌。量比指标向下，说明入场资金越来越少，一旦空方占据主动，股价下跌就是自然而然的事了。双线向下提示投资者股价后期还有下跌的可能，投资者此时当回避风险。

　　如图 1－13 所示，这是钱江水利在 2008 年年初某日的分时走势图。该股在当日大幅低开，虽然股价略有上升，但没有得到成交量的有效配合，

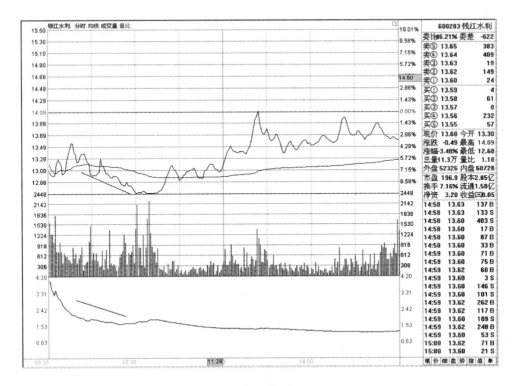

图 1－13　钱江水利　　600283

成交量持续萎缩，做多显然难以维持。此后股价掉头直下，成交量继续萎缩，呈现双线向下的走势，这说明该股还有下行风险，投资者要及时出场。该股股价后来直冲跌停板，让投资者损失惨重。其实，我们可以先行一步，从双线向下预判出该股未来的下跌趋势，及时出局，避免更大的损失。

4. 双线相反

分时线和量比指标线相反是股价波动期间常见的分时特征。双线相反分为两种情况：一种是分时线在不断下降，而量比指标线在不断上升（如图 1－14 所示）。这种情况说明盘中资金正在杀跌出货，后市风险很大。另一种是分时线在不断上升，但量比指标线在不断下降（如图 1－15 所示）。这种情况有时候意味着股价此时的上升不再需要成交量放大的配合，因为高度控盘，只需要少量资金就可以拉升股价，但更多时候意味着主力在用少量筹码拉升股价，诱使散户接盘。后者通常是一个危险的信号，预示着股价在造顶，离反转的时日不多了，投资者应该逢高出局。判断是诱多还是高度控盘可以参考股价的整体位置：如果股价已经高高在上，双线相反很可能是诱多；如果股价在相对低位则可能是高度控盘，投资者可以继续持股。

如图 1－14 所示，这是青松建化在 2008 年初某日的分时走势图。该股在当日小幅低开后震荡上行，但成交量低迷，说明场内做多力量不足。此后成交量逐渐放大，量比指标线逐渐上升，但是同时分时线也在迅速下滑，说明场内资金在加大出货力度，后市股价还存在继续下行的风险，投资者应该及早出局。该股后来一直下探到跌停板，跌势惊人。

如图 1－15 所示，这是西北化工（现名"甘肃电投"）在 2008 年初某日的分时走势图。该股在当日开盘后迅速直线上升，成交量逐步放大，说明场内资金做多意图明显。此后股价又迅速下探，是不是主力在出货？从成交量看可以否定这种可能。因为当时成交量严重萎缩，主力是不可能完成出货动作的，这应当是主力洗盘的行为。此后股价开始回升，成交量持续萎缩，量比指标线同时逐渐下滑，说明主力已经完全控制了股价的运行，

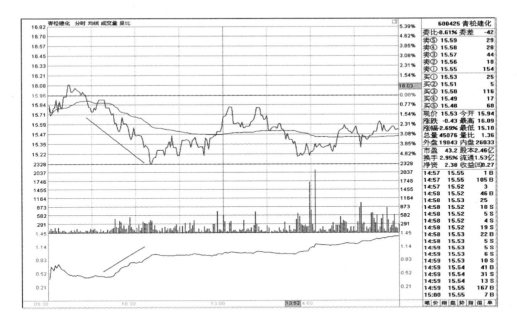

图 1－14　青松建化　600425

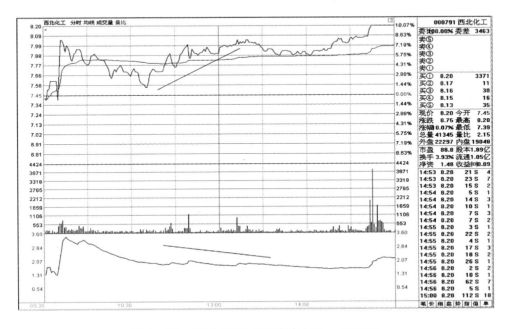

图 1－15　西北化工（甘肃电投）　000791

只需要少量资金就可以把股价推高。该股收盘封于涨停板也说明了主力的控盘程度相当高。

六、委比指标

委比是衡量某一时段买卖盘相对强度的指标。一般的股票行情软件中都有委比指标，如图1-16右侧椭圆处所示。

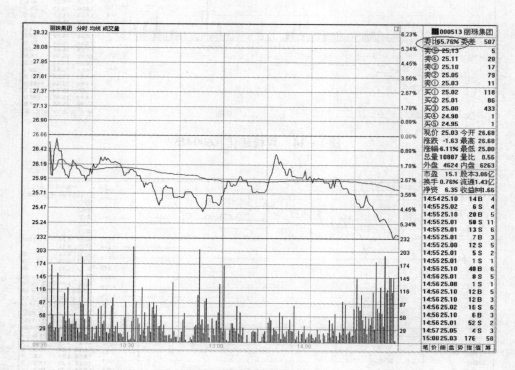

图1-16　丽珠集团　000513

1. 委比计算公式

$$委比 = \frac{委买手数 - 委卖手数}{委买手数 + 委卖手数} \times 100\%$$

委比值的变化范围为-100%到+100%。当委比值为-100%时，它表示只有卖盘而没有买盘，说明市场的抛盘非常大；当委比值为 + 100% 时，它表示只有买盘而没有卖盘，说明市场的买盘非常有力。当委比值为负时，说明卖盘比买盘大；而委比值为正时，说明买盘比卖盘大。委比值从 − 100% 到 + 100% 的变化是卖盘逐渐减弱、买盘逐渐增强的一个过程。

2．委比陷阱

这里要说明的是，委比经常被庄家用来蒙骗散户，因为它太容易造假了，只要人为地在上方挂一个大卖单就可以拉大委比的负值，让人觉得卖压沉重；反之，只要在下方挂一个大买单就可以拉大正值，让人觉得买盘强劲。为了防止被人蒙骗，我们在看盘的时候需要非常专心。这些人为的大单一般会在接近成交的时候突然撤掉，这样反而可以让我们更容易判断庄家的操作意图。大卖单撤掉说明主力并非做空，只不过吓唬人，不让散户蜂拥跟盘，增加建仓难度；大买单撤掉说明庄家在诱骗散户接盘，后市十有八九要下跌，这样的股票要尽量回避。

3．委比的实际应用

如图 1 − 17 所示，浙江东方在当日涨幅超过了 6% ，十分可观。该股开盘后宽幅震荡，后市方向不是很明确。那么又是什么促使股价强劲上涨呢？午后开盘半小时后，成交量逐步放大，股价也随之上扬，量价配合完美，这是研判的一个方法。另外，我们还可以从委比看出端倪。该股尾盘的委比数值达到 22.25% ，说明买盘远强于卖盘，股价焉能不涨？

如图 1 − 18 所示，* ST 大唐（现名"大唐电信"）在当日走势疲软，长时间封在跌停板上，最终以下跌 3.37% 收盘。是什么导致了该股全天走势疲软呢？该股在开盘放量下跌，十分钟就把股价打到跌停板上，说明盘中做空意愿非常坚决。此后该股大部分时间封在跌停板上。直到收盘前半小时才打开跌停，但成交量低迷，要大幅上涨是不可能的事。对于这种疲软的股票没有大资金是不足以拉高股价的。另外我们可以从委比看出做多意愿冷淡。尾盘的委比是 − 33% 多，可见卖盘远大于买盘，这样的股票又怎么会涨？

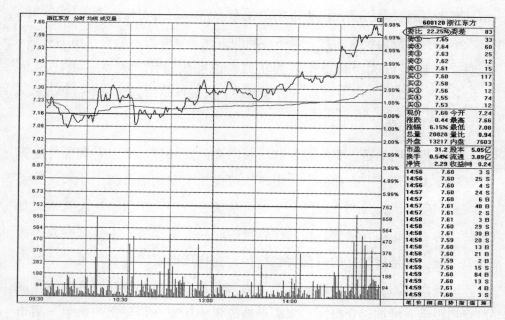

图 1-17　浙江东方　600120

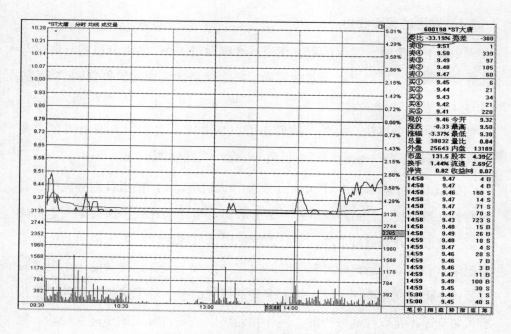

图 1-18　*ST 大唐（大唐电信）　600198

第三节 分时图典型形态

一、快速下跌形

快速下跌形指股价呈现自由落体运动，直线下跌，形成类似狼牙的尖角走势，如图1-19所示。

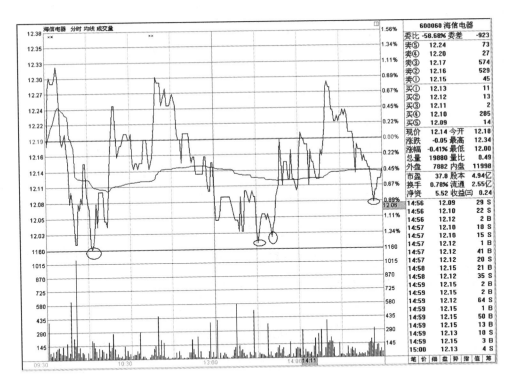

图1-19 海信电器 600060

其市场含义是：前期股价已经有大幅上涨，庄家获利丰厚，开始出货操作。出货的巨单连续砸出，使股价迅速回落，便形成了狼牙状的尖角

走势。

持有此类走势的股票时要分外小心，谨慎操作。如果已经获利丰厚，不妨先落袋为安；持币者千万不要盲目介入。形成这样的走势所处的位阶越高，风险越大。

如图1-19所示，海信电器在开盘短暂冲高后迅速下落，成交量也迅速放大。由于空方不计成本地把筹码集中抛出，所以股价呈自由落体运动直线下落，形成尖角形态。这一般是庄家出货的信号，因为散户不太可能在短时间集中砸出如此多的抛盘。盘中多次形成这样的快速下跌走势，对应的成交量也成倍放大。相反，每次反弹的走势却很令人怀疑。虽然盘中也有多次强势的反弹，甚至迅速冲过均价线，似乎是典型的反转走势，但仔细观察就可以看到，这样的强势反弹并没有量能的配合，很有可能是多头陷阱，只不过是庄家在拉高出货而已。

二、呆滞形

呆滞形就是民间通常说的"修长城"形，股价运行平直，如图1-20所示。为什么会这样呢？因为当时的成交量严重呆滞，经常在几分钟内都没有成交，形成平行的直线，然后突然有一单成交，形成直上直下的走势。

呆滞形走势在不同的市场环境中有不同的含义，对这种形态的后市研判要分别看待。如果在上涨途中的回调区间出现，那后市极有可能继续上涨。因为这说明多方筹码锁定得很稳定，基本没有筹码抛出，多方发起进攻只是时间问题。而如果是在下跌或震荡过程中出现，后市股价很难上涨。因为此时多方几乎没有参与，而持仓的也大多数是一些所谓的"死多头"，这样盘中就几乎没有成交，从而形成呆滞走势，除非有资金入场，否则这样的状态将持续下去。在这种情形下，一旦有些许筹码抛出，股价下滑就是必然的了。

如图1-20所示，大龙地产在盘中形成反转走势，成交量也略有放大，但不久股价便陷入呆滞走势中，几乎没有成交出现。这种情况说明持股者看好后市，不再有抛盘砸出，后市应该还有涨的机会，投资者可以适当介入。该股后市翻红后略有涨幅。

图1－20　大龙地产　600159

如图1－21所示，贵州茅台当日大幅低开，然后持续震荡，形成多次的呆滞走势，成交几乎可以忽略不计。这说明盘中几乎没有资金参与，而持股者大概觉得这样的优质蓝筹股没有必要抛售，成交清淡，就形成了这样的呆滞走势。该股在尾市略有下滑。

在股价下跌过程或底部震荡过程中出现呆滞走势，投资者还是持币观望为好。

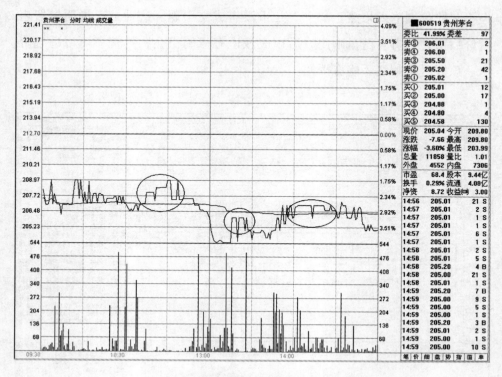

图 1 – 21　贵州茅台　600519

三、强势上升形

　　强势上升形是指脉冲式的直线上升走势，即使中间回落，其幅度也很小，时间很短，然后又继续强劲上涨，甚至直冲涨停板，如图 1 – 22 所示。这说明场内资金做多愿望强烈，在大资金的强劲推动下，股价快速直达涨停板。判断此形态的关键是：随着股价的上涨，量能明显放大。股价越飙升越能吸引场外资金入场，而资金的涌入越凶猛，股价涨速越快，两者是相辅相成的。投资者看到这样的股价走势，可以积极跟进，后市继续看好。

　　如图 1 – 22 所示，富龙热电（现名"兴业矿业"）在开盘后便迅速上涨，随后有短暂的回调，但回调的时间短，幅度也不大，更重要的是明显受到均价线的强劲支撑。此后，成交量迅速放大，分时线如火箭发射般上窜，直达涨停板，其间再没有些许的停留。这是强势上升形态的典型表现。股价的上升来源于做多资金的膨胀，只有介入资金的迅速放大，股价才能迅速飙升。投资者可以抓住股价短暂回调的瞬间及时跟进做多，获利的概率很大。

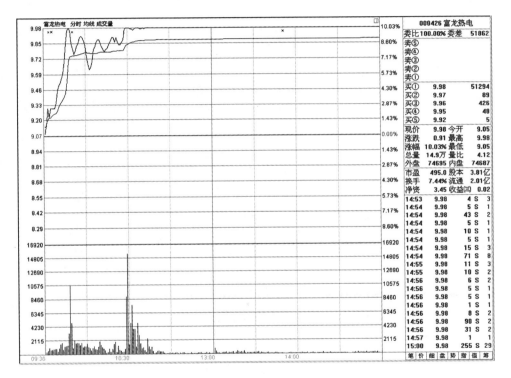

图 1－22　富龙热电（兴业矿业）　　000426

　　并不是所有的强势上升都能持续到最后。如图 1－23 所示，盐湖钾肥（现名"盐湖股份"）在当日开盘后即走势强劲，在成交量的配合下逐波快速拉升，10 点后更是直线上行，是典型的强势上升形。可是该股在涨停板前不远停住了脚步，后市更是逐渐下滑，跌幅甚大。如果当日追高结果就很惨了。为什么本例的强势上升形没有带来理想的结果呢？事实上我们可

以清楚地观察到该股10点后的强势拉升量能不够，量比线呈下滑状态，成交量柱体也是明显缩短，说明多头追涨的意愿并不强烈，后市回落也就在情理之中。因此，追逐强势上升形还需要量能的配合。很多个股一旦封不住涨停就可能大幅回落，这种情况下的强势上升形往往是主力诱多的伎俩，我们要小心应对。

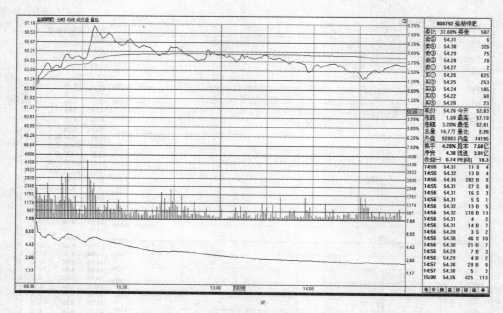

图1-23　盐湖钾肥（盐湖股份）　　000792

四、普通下跌形

普通下跌形是指股价分时线向下运行，且成交量伴随股价下跌持续放大，盘中即使有反弹，幅度也很小，且在均价线下运行，没有量能的放大，如图1-24所示。持股者看到下跌形态的分时走势，应该以及时止损和观望为主。

如图1-24所示，长城电工当日低开低走，在稍作挣扎后便迅速下跌，成交量也逐步放大。这说明场内资金做空意愿强烈，杀跌盘蜂拥而出。股价下跌导致很多资金跟风出逃，而成交量的放大又加速了股价的下跌，如此恶性循环，股价迅速下探也是情理之中的事。盘中股价偶有反弹，但成交量非常有限，说明做多意愿淡薄，其持续性显然不足；短暂反弹后便遭来更多卖盘的打压，股价重新下跌。如此一波一波下探，最后该股几乎跌停。因此，投资者在看到放量下跌、反弹无量的下跌形态时，应及时回避风险。

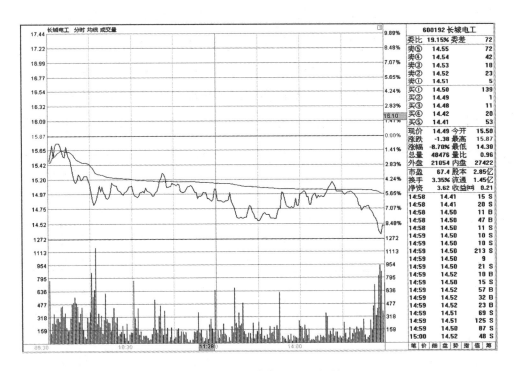

图 1－24 长城电工 600192

五、中途调整形

大多数股票的走势应该不是前面所述的形态，而是有涨有跌，亦有调整，我们称之为中途调整形，如图 1－25 所示。中途调整形的研判很简单：

只要分时线不破位下行，后市的涨势依然可期。

如图 1-25 所示。这是秦川发展（现名"秦川机床"）在 2008 年年初某日的分时走势图。该股当日停牌一小时后重新开盘，股价震荡上行，但因为成交量始终没有放大，所以上涨很难维系，在上午接近收盘前半小时便陷入长时间回调走势中，成交量极度萎缩。此时的回调走势是不是说明盘中资金做多的意愿已经改变了呢？其实仔细观察，我们就会发现该股整体的上涨趋势一点也没有改变：首先，回调的幅度很小，离均价线还很远就止住了跌势，这说明空方的力量很有限；其次，回调的几个低点一个比一个高，均价线依然呈上涨趋势；再次，此次回调的量能极度萎缩，这么小的量，庄家是不可能进行出货操作的。这些都说明这次回调只不过是庄家的小小洗盘动作，持股者完全可以不必理睬这种暂时的回调，如果持币

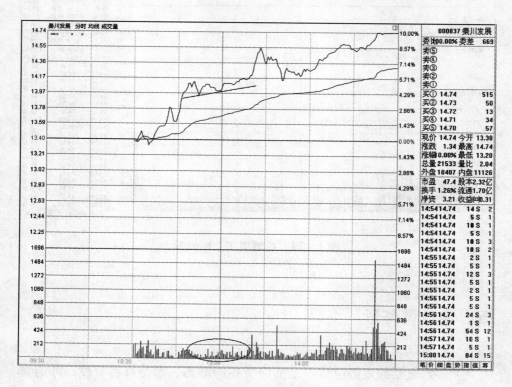

图 1-25　秦川发展（秦川机床）　　000837

反倒可以借机追进。该股下午量能温和放大，股价迅速上升，尾盘封在涨停板，其强势可见一斑。

第四节 分时图分析的维度与实战

分时图看起来简单，事实上构成的要素也很多，且相互关联，研判起来不一定简单。分析股票的分时图，需要把握以下维度：时间、力度、波长和量能等。下面我们来具体学习一下。学习的关键是要把握它们的特征，这是判断未来走势的依据。

一、回调时间

1. 短时回调

短时回调是指：股价上涨之后出现回调，回调时间远小于上涨时间，如图 1－26 所示。这说明盘中做多的力量远大于做空的力量，根本不给空方反击的机会。一般来说，回调时间越短，再上涨力度、幅度越大。因此，短时回调也一般只出现在上涨龙头股中，投资者可以密切关注此种走势的个股。

如图 1－26 所示，这是实益达在 2008 年某日的分时走势图。该股当日强势封于涨停，但是我们发现该股在开盘后并无强势特征。后来发生了什么变化呢？

该股上午停牌一小时，复牌后小幅震荡，甚至由红翻绿，形势好像不太乐观。但几分钟后股价止跌上升，成交量也温和放大，说明开始有新资金进场做多。下午开盘后该股迅速上冲，不过成交量并没有明显放大，然后进入回调状态。此时投资者可能会怀疑该股是不是到了阶段顶部，因为缺少量能配合。这时候投资者就需要仔细观察了。仔细观察后我们可以发

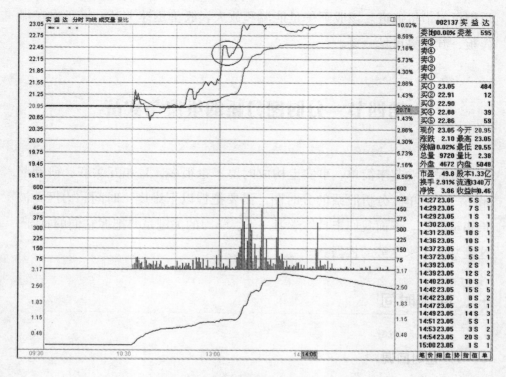

图1－26　实益达　002137

现，该股的这次回调时间很短，只有几分钟时间，回调幅度也很小，说明多方已经高度控盘，空方根本没有机会反攻。此后股价在成交量成倍放大的推动下迅速冲上涨停板。

总之，看回调我们需要关注其中一个关键因素——回调时间，回调时间很短，说明该股上涨强势未减，投资者可以放心持股，等待更大的涨幅。

2.　等时回调

等时回调指回调时间接近上涨时间，如图1－27所示。这说明盘中的多空双方力量暂时维持平衡，空方力量略大，但多方基本能与之抗衡，所以调整的幅度不是很大。等时回调的个股后市走势要看量能是否能再次充分放大。如果能再次放量，上涨的可能性很大，否则很有可能掉头向下。

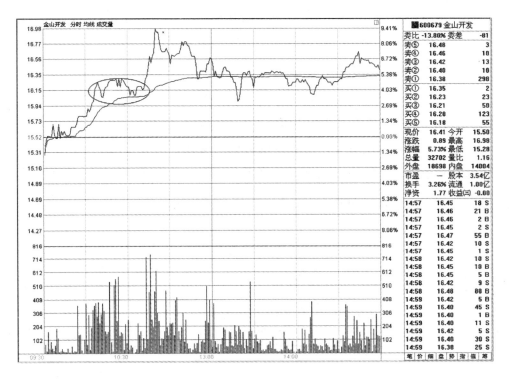

图1-27 金山开发 600679

图1-27是金山开发在2008年3月某日的分时走势图。该股在开盘后迅速翻红，然后开始震荡，震荡完后有一波不小的涨幅。此后股价进入盘中调整，调整的时间与前段上涨的时间差不多，调整的力度也不是很大，没有量能放大。股价回调至均价线附近受到强有力支撑，说明此时多空双方力量相近，后市走势还不好说。经过缩量盘整后，该股成交量突然放大，多方发起了又一轮攻势。

股票在上涨途中产生回调是正常的，但很多投资者胆小如鼠，一看见回调就逃跑，这怎么能让利润充分放大？等时回调的时间虽然有点长，但投资者还是要静观其变，只要没发现主力出逃，我们完全有理由等待下一波涨势的来临。

图1-28是北大荒在2008年4月某日的分时走势图。该股的走势与上

面提到的有所不同。不同的地方是该股从绿翻红，最高上涨5%，合计涨幅超过10%。当出现图中圆圈内的回调时就要特别小心，虽然回调的时间和前次上涨的时间差不多，似乎多空力量平衡，但我们仔细观察就会发现，这次回调后上涨的幅度很小，且成交量严重萎缩。这一切都说明做多的意愿大为减弱，后市不容乐观。该股后面节节败退，股价回到了前日的收盘价附近。因此，回调后要特别注意成交量的变化，没有量能配合的股票后市是很难上涨的，除非庄家高度控盘了。另外，当日涨幅过大也会诱发获利盘出逃，本例就是如此。

图1-28　北大荒　600598

3．长时回调

长时回调指回调时间远大于上涨时间，如图1-29所示。这说明盘中空方力量占据优势，庄家可能在顺势出货，或者庄家感到抛压沉重，难以继续做高，需要通过震荡化解上涨压力。这种走势的后市很多不太妙，尽量回避此类走势个股为上，特别是回调中有量能放大时更应该及时出局。这里我们要强调：不仅要看回调的时间，还要看回调的幅度。如果仅仅是小幅下跌，时间长反而显出是主力刻意洗盘，消磨持股者的意志，后市一旦股价向上突破回调区间则意味着大涨来临。

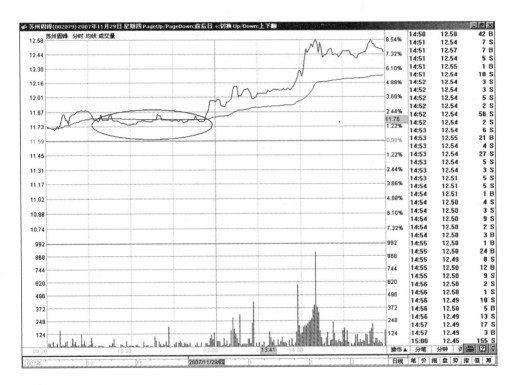

图 1 - 29　苏州固锝　002079

图 1 - 29 是苏州固锝在 2007 年 11 月 27 日的分时走势图。该股在开盘后略有上涨，此后便开始长时回调，回调时间至少是前面上涨时间 2 倍以上，说明当时空方长时间占据主导地位，多方的反击没显示出足够的实力。对这样的股票投资者要小心谨慎，不要盲目买入。不过这只股票的回调值

得关注，因为它一直是无量盘整，这说明主力资金没有出逃，后市值得看好。该股当日后面的走势也证明了这点：长时回调结束后，该股逐步放量上涨，收盘时涨了7个多点。

如图1-30所示，四川圣达（现名"长城动漫"）在当日停牌一小时，复牌后震荡上升，但受当日大盘暴跌影响，该股上涨到6%附近便再也难进一步了，在连续几次上冲无果后，股价开始下行，回调的时间远大于前次上涨的时间，跌幅超过前两次上涨的涨幅，说明空方占据了绝对的主动。多方此后虽然也有挣扎，但逐渐放弃了努力，股价逐波下跌，收盘于当日最低价附近。可见长时回调的杀伤力有多大。

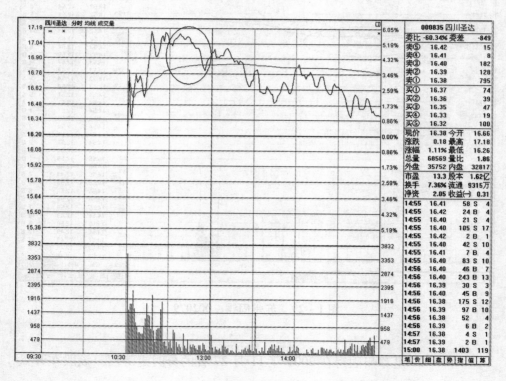

图1-30　四川圣达（长城动漫）　000835

图1-31是广陆数测（现名"东方网络"）在2008年某日的走势。该

股开盘后不久有短时的强势上涨，但随后就高台跳水，把前期的涨幅全部吞没，不久后又拉了回去。随后又有一段不小的涨幅。此后便开始了长时间的调整，时间超过前面上涨时间的 2 倍，并且回调的幅度过大，跌穿均价线很多。这说明空方暂时占据绝对优势，多方节节败退。但是该股为什么还有很大的涨幅呢？这要求看盘者必须仔细观察盘中的走势，不仅仅要看分时线，还必须看成交量。该股的回调虽然时间长，力度也不小，但量并没有放大，说明主力资金持股稳定。这样的回调一般是庄家觉得抛压沉重，难以继续拉高，希望通过震荡化解上涨压力，为后面的拉高做准备。有时候受大盘暴跌的影响，股价也可能顺势回调，这就需要我们结合各种因素来研判，单纯一种信号是不足以为凭的。

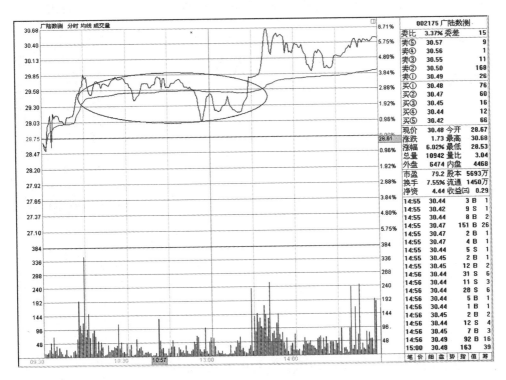

图 1－31　广陆数测（东方网络）　　002175

二、回调力度

除了要分析回调的时间，投资者还应该分析回调的力度。从回调的力度可以直观地看到盘中多空双方的力量对比。如果多方力量大，那么回调的力度自然小，反之则回调的力度很大。

1. 弱势回调

弱势回调指回调不足上涨波段的1/3，如图1－32所示。这说明空方的力量有点不堪一击，根本没有力量把股价打下来。多方一反击，空方便落荒而逃，回调的幅度自然很小。弱势回调只会出现在强势上涨的个股中，投资者对这样的个股应该重点关注，尽量抓住时机，在弱势回调后再次突

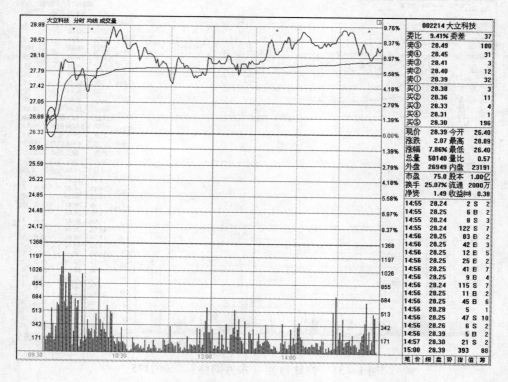

图1－32　大立科技　002214

破前期高点时介入。

图 1-32 是大立科技在 2008 年初某日的分时走势图。该股在开盘后迅速上涨，然后进入调整，但回调的幅度很小，不及涨幅的 1/3，且受到均价线的强力支撑。这说明盘中多方占据绝对优势，空方根本无法对股价进行大幅度打压。这时投资者可以借机介入，在回调结束、分时线扭头向上时及时跟进，后市极有可能获取丰厚利润。该股当天冲击涨停，后市稍有回落，但收盘也有近 8 个点的涨幅，较买入点有 7 个点的利润空间，很不错了。

图 1-33 的分时图更为简洁。湘潭电化在当日大幅高开，然后在巨大成交量的配合下快速上涨，接着有一个很小的回调。说它小，是因为回调的幅度很小，不到上涨幅度的 1/3，同时回调的量很小。这说明没有多少

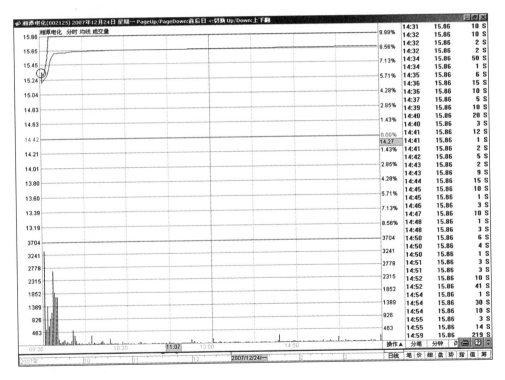

图 1-33　湘潭电化　002125

卖出，空方力量很单薄。后来该股在成交量的配合下轻易地冲上了涨停板，前后大概就花了十几分钟，可见强势之极。

2. 中度回调

中度回调指回调至前面上涨幅度的1/2，如图1-34所示。这说明当时的多空力量相差不大，空方的力量不小，但多方的抵抗也很有力，使股价不至于下跌太多。后市的走势要看量能能否充分放大。如果主力资金还在场内，后面又有大资金进入，后市上涨还是值得期待的。

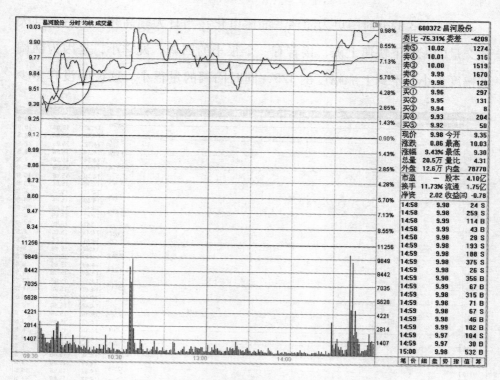

图1-34　昌河股份（中航电子）　　600372

图1-34是昌河股份（现名"中航电子"）在2008年某日的分时走势图。该股在开盘略微下探后迅速上冲，涨幅很大，但随后便掉头往下，回调的幅度约为前面涨幅的一半左右。这说明经过前期的大幅度上涨，盘中

有获利盘纷纷套现，空方力量一度占据优势，股价直线下跌。这时投资者该如何操作？我们可以暂时观察，不要着急。随着股价的下跌，量能逐步萎缩，股价在均价线处获得支撑。此后股价进入盘整期，量能进一步萎缩。盘整结束后，量能突然放大，又是一波较大幅度的涨幅，直奔涨停板。这说明盘整后只要有资金强势介入，我们也可以积极跟进。观察的重点就在于是否有量能放大。虽然中度调整不是我们的最佳选择，但也可以积极关注，有机会不妨做个短线差。

3．强势回调

强势回调是指回调幅度超过上涨幅度的 1/2 或彻底回落，如图 1－35 所示。这是弱势股经常出现的上涨形态。这类股票积重难返，很难再创新高，要坚决回避。当然事情都没有绝对，有时候庄家为了彻底洗盘，花大

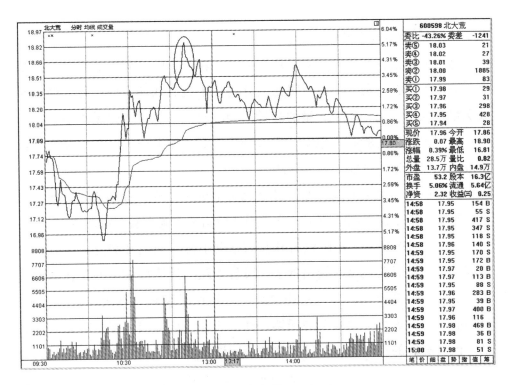

图 1－35　北大荒　600598

力气来打压股价，从而大幅度减少跟风盘，这种情况也是有的。

如图 1-35 所示，北大荒当日在大盘带动下低开低走，股价逐波下探，人气有点涣散。跌到接近 6 个点后股价开始强劲反弹，成交量急剧放大，股价呈脉冲式上涨。在翻红后股价进行了较长时间的震荡整理，然后继续上涨。不过这次上涨的成交量明显萎缩，说明做多力量在减弱，未来蕴含着较大风险。果然，在上涨到 5% 涨幅处股价迅速下滑，跌幅达到前次涨幅的 2/3 多，这是典型的强势回调，表明抛压沉重，后市不容乐观。该股在后市节节下挫，收于昨日收盘价附近。对于强势回调，投资者要保持足够的谨慎。

三、回调量能

1. 缩量或无量回调

缩量回调是指股价在上涨后产生回落，在回落的过程中成交量逐渐萎缩。如图 1-36 所示，佛山照明在上升过程中也有回调，但是每次回调时成交量都极度萎缩，属于典型的缩量回调。回调的时候成交量萎缩说明抛盘不大，持股者持股心态稳定，后市继续看好。如果回调结束后成交量再次放大，股价很有可能大幅度上涨。

无量回调与缩量回调类似，只是成交量更少，持股者心态更稳定，抛盘几乎没有，如图 1-37 所示。这类回调后出现大幅上涨更可期待。

如图 1-38 所示，涪陵电力开盘后强劲上涨，两波涨势完成后到了涨停板附近，此时获利盘开始出货了，股价下跌。但值得庆幸的是在回调过程中成交量逐渐萎缩，股价在均价线上方站稳了脚跟，再次冲击涨停板。后面股价再次进行了大幅度的回调，甚至击穿了均价线很多，跌势有点恐怖。但有经验的投资者就知道，这样的回调事实上是个空头陷阱，因为当时的量能极度萎缩，而没有成交量的放大，庄家是不可能完成出货操作的。该股经过漫长的整理后于尾盘成功冲上涨停板。

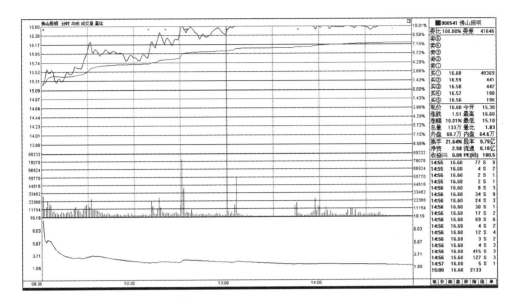

图1-36 佛山照明 000541

图1-37 山西焦化 600740

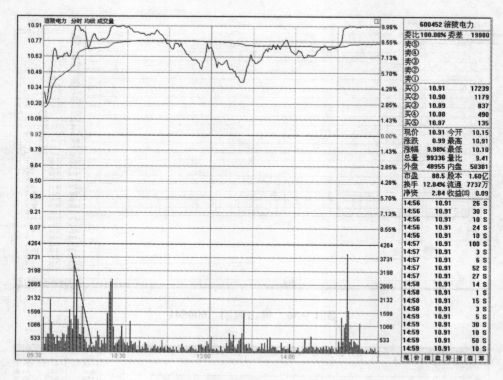

图 1 - 38　涪陵电力　600452

2. 放量回调

放量回调是指股价在上涨后产生回落，在回落的过程中成交量逐渐放大，如图 1 - 39 所示。回调的时候成交量放大，说明主动性卖盘增多，抛压逐步加强，有出货迹象。投资者此时要特别小心，最好离场观望。

如图 1 - 40 所示，三精制药（现名"人民同泰"）在当日上午没有多大惊人表现，长时间在均价线附近徘徊。但下午该股有所表现，在成交量的配合下，股价强劲上涨，一路上扬直到涨停板。不过在收盘前半小时内，股价逐渐回落，成交量放大，说明主力在获利出局。如此大的成交量只有主力才能造成。

出现放量回调时，投资者要十分小心，最好及时获利出局。

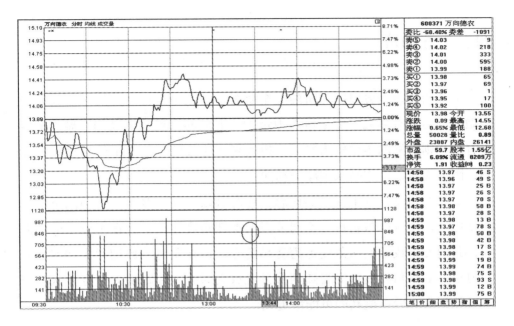

图 1 – 39　万向德农　　600371

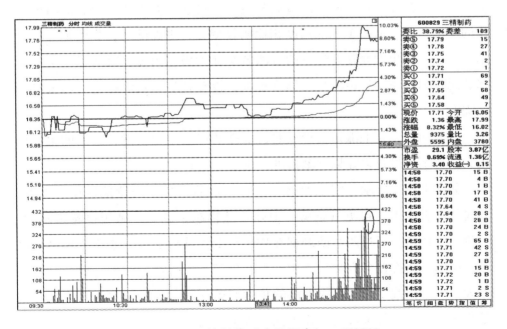

图 1 – 40　三精制药（人民同泰）　　600829

四、上涨角度

上涨角度也是分时图分析的一个要素，它在一定程度上揭示了盘中资金做多的力量有多大。资金做多力量大，上涨的角度自然陡峭；做多的资金有限，则上涨的角度较为平缓。投资者要追寻的当然是上涨角度大的股票，因为它可以为你带来丰厚的利润。

上涨的角度是一个相对的概念，它既可以与其他股票同时期的上涨角度作比较，也可以与它自身不同波段的上涨角度作比较。在个股普涨的时候，我们力求找寻上涨角度更为陡峭的介入；在研究个股即时走势时，我们力求在上涨角度突然变得陡峭且量能放大时介入。跟随大资金介入的安全系数更高，后市赢利的可能性更大。

1. 大上涨角度

大上涨角度是指：股价经过调整之后，再次展开上攻走势，此时分时线的上涨角度与前一个上涨角度相比明显变大，更加陡峭，如图1－41所示。要使上涨角度变陡，唯一的方法就是加大做多力度。既然盘内资金做多意愿强烈，说明后市涨幅可能会更大，投资者何不及时跟进参与分享利润呢？

一般而言，大上涨角度形成时，上涨的速度是很快的，上涨的幅度也很大，机敏的投资者如果立刻跟进，获益一定不小。

如图1－42所示，韶钢松山在当日开盘后便迫不及待地迅速往上冲，分时线笔直向上，可见其强势。但随着涨幅越来越大，抛压也越来越大，股价出现回落。不过两次回调都在均价线上方获得支撑，成交量也越来越小，说明一切都在多方掌控之中。当股价第三次上涨的时候，成交量再度放大，股价直线上升。此次上涨的角度与前一次相比变得更加陡峭，几乎是直角向上，股价很快就封在了涨停板上。当上涨角度变大，且成交量放大时，投资者就要意识到多方发力了，股价即将迅猛上涨，可立刻跟进做

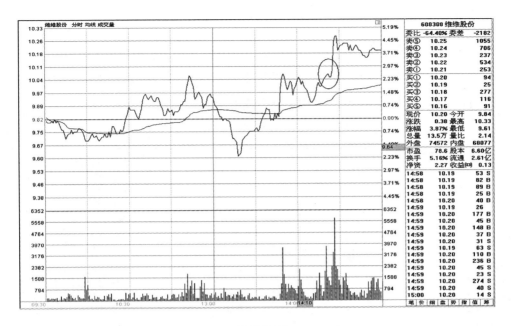

图 1 - 41　维维股份　600300

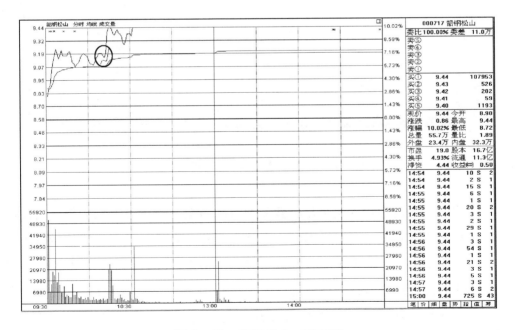

图 1 - 42　韶钢松山　000717

多，收获必定不小。

2．等上涨角度

等上涨角度是指：股价经过调整之后，再次展开上攻走势，此时分时线的上涨角度与前一个上涨角度相比基本相同，如图 1 – 43 所示。

图 1 – 43　工大高新　600701

等上涨角度的形成说明盘中做多的力度与上一个波段上涨的做多力度差不多，因此投资者可以根据上一个波段股价的走势来研判出股价后期上涨的形态和幅度。如果不能找到大上涨角度的个股介入，退而求其次，碰到等上涨角度的个股也可以择机介入。

如图 1 – 44 所示，酒钢宏兴在开盘后逐波上涨，但成交量没有明显放大，因此上涨幅度不是很大，并且在 10：30 后产生回调。下午开盘后，股价继续上涨，但仍没有成交量的配合。此后股价再次回调，不过很快掉头向上，此时成交量明显放大，说明场内资金加大了做多力度。股价迅速上涨，在天量成交的配合下，牢牢封在涨停板上。在本例中，虽然最后上涨的角度与前次上涨的角度一样，但有大资金的配合，股价涨幅也是惊人的。

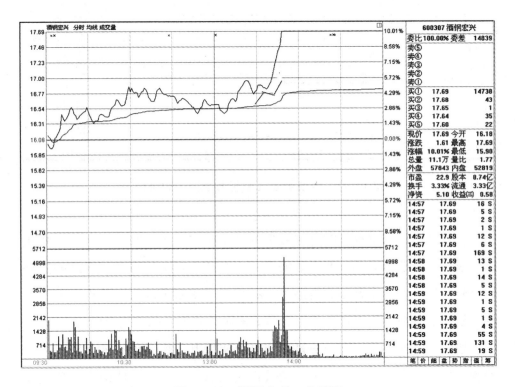

图1-44　酒钢宏兴　600307

3. 小上涨角度

小上涨角度是指：股价经过调整之后，再次展开上攻走势，此时分时线的上涨角度与前一个上涨角度相比明显减小，如图1-45所示，该股在开盘后虽然快速上升，但上涨角度越来越小，这是一个不祥的信号，说明做多力度越来越小。

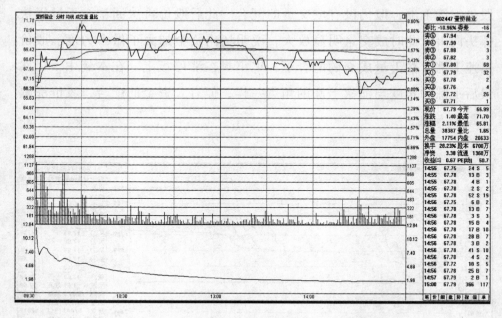

图1-45　壹桥苗业（壹桥海参）　　002447

小上涨角度的形成说明盘中做多的力度越来越小。既然资金参与做多不积极，那么期望股票后期有大的涨幅也是不太现实的事了。对这种走势的个股，投资者就没有必要着急参与。只要成交量不放大，股价要涨起来就不是那么容易，所以投资者在后市要密切关注个股的成交量变化。

如图1-46所示，风华高科在当日小幅低开，但股价迅速上涨，第一波涨幅结束后有一个小幅回调，然后再次上涨。投资者在此时应该如何操作呢？是不是回调的幅度很小就说明多方占据绝对主动呢？一般来说是这样的。但也不能就此判断股票会大幅上涨，因为大幅上涨还得有大资金的支持。该股在回调结束的第二波上涨有了变化，那就是上涨角度与前次上涨相比变小了，这说明做多力量减弱，此时投资者就要谨慎了，如果转势就要变向操作。该股后期虽然继续上涨，但后来回调的幅度也很惊人，直达前一日收盘价，几乎把前面的涨幅全部吞没了。

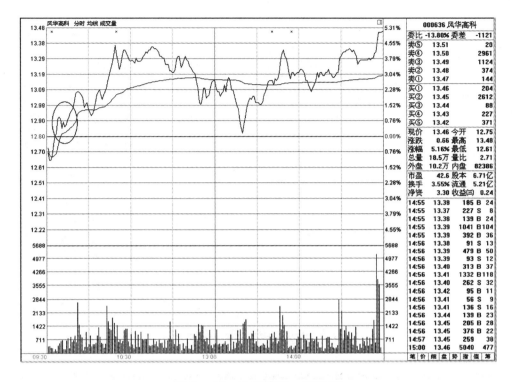

图 1 - 46 风华高科 000636

4. 上涨极限角度

上涨极限角度是指：上涨角度极为陡峭，近 90 度，如图 1 - 47 所示。极限角度是分时中最后一波上涨，不成功则可能随之下跌。极限角度极为耗费资金，出现极限角度时往往出现分时中最大成交量。

一般而言，在股价涨幅达到 7% 时出现极限角度，而且成交量最大，极有可能当天涨停；若极限角度过早出现且同时成交量最大，一旦未能涨停，则难以再涨，勾头时一定要卖出。

如图 1 - 48 所示，紫光股份在当日开盘后有两波上涨，但因为缺乏成交量的配合，股价上涨后都迅速下落。在第三波上涨开始后，成交量成倍放大，股价直接冲到涨停板，说明庄家欲速战速决，不让太多的跟风盘分享收益。这也可以给我们一个启示：当成交量巨幅放大，股价成极限角度

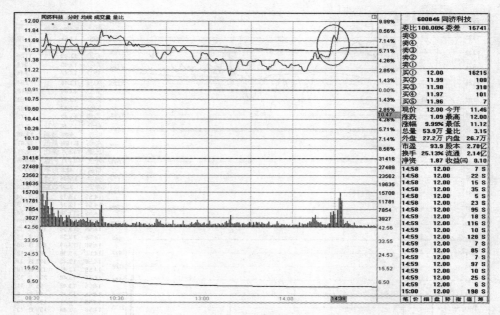

图 1-47　同济科技　　600846

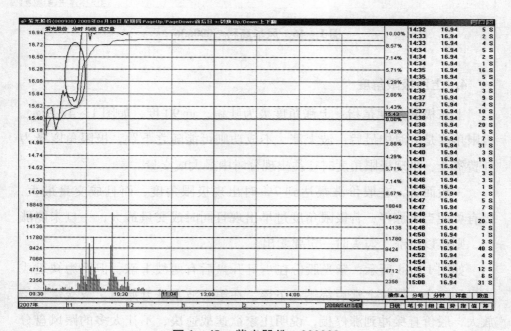

图 1-48　紫光股份　　000938

上涨时,涨幅很可能非常惊人,投资者可以机敏介入——当然这需要专心看盘的老手才能做到。

不过上涨极限角度也不一定会带来股价涨停。如图 1-49 所示,成霖股份(现名"宝鹰股份")在盘中也曾以极限角度上涨,但最终在7%附近停止上涨,进入长时间的回调中,收盘止于 5% 左右,结果并不能让人满意。这说明过早放量形成极限上涨角度并不一定是好事。因为极限角度上涨需要巨大资金支持,如果后期资金跟不上,股价则很可能回落。所以投资者对过早形成的极限角度要谨慎对待,一旦股价弯头,最好获利出局。一般来说极限角度上涨不能很快封住涨停,后市回落的可能性很大。

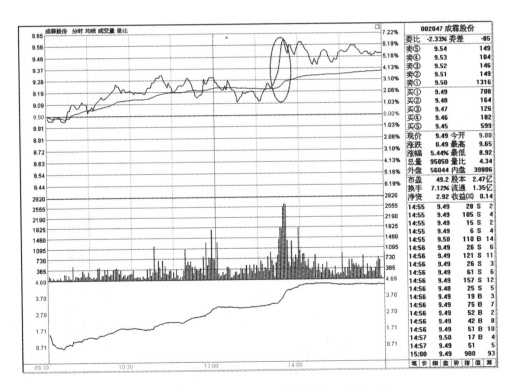

图 1-49 成霖股份(宝鹰股份)   002047

五、下跌角度

1. 大下跌角度

大下跌角度是指：股价下跌走势形成并出现了一次反弹走势之后，分时线再次形成了下跌走势，此时下跌走势与上一波下跌走势相比变得陡峭，角度更大，如图1－50所示。下跌角度变大说明盘中做空的力度变大，只有大资金不计价格地大力打压，下跌角度才会变得更大。碰到这种走势的个股，投资者当然是坚决回避。

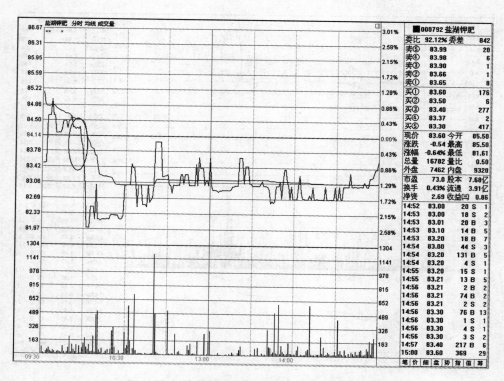

图1－50　盐湖钾肥（盐湖股份）　　000792

如图1－51所示，准油股份当日停牌一小时，复牌后股价迅速下跌。

图中几处在下跌放缓后，再次下跌时角度变得异常陡峭，说明空方加大了做空的力度，出货急迫，股价加速下跌。从当日该股的成交量来看，在整个下跌过程中成交量明显放大，甚至在跌停板附近密集放量，足见当时的恐怖气氛，投资者已经是极度恐惧了。对于此类走势，投资者除了割肉出局外别无选择，这样还可以减少损失。下跌角度加大往往是大盘暴跌或者个股重大利空消息出现时的表现，如果伴随成交量放大，则更说明下跌趋势明显确立。

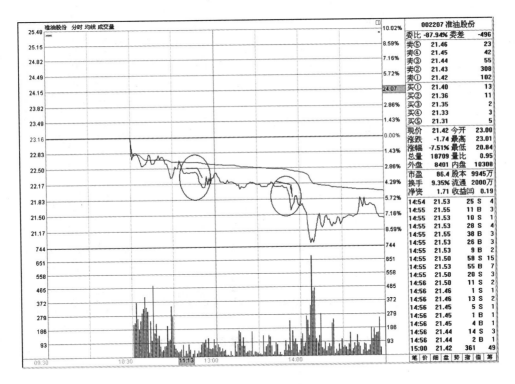

图 1-51　准油股份　002207

2. 等下跌角度

等下跌角度是指：股价下跌走势形成并出现了一次反弹走势之后，分时线再次形成了下跌走势，此时下跌走势的角度与上一波下跌走势的角度基本相同，如图1-52所示。下跌角度相同说明盘中做空的力度跟上一波也基本相同。下跌角度的基本相同很可能导致个股后期下跌的幅度相同。碰到这种走势的个股，投资者当然也是要及时回避。只要形成了等下跌角度的下跌走势，投资者就不要对其抱太大希望，在等下跌角度形成初始就立刻清仓出局。

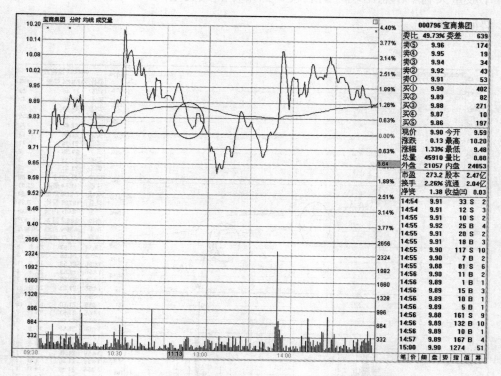

图1-52 宝商集团（凯撒旅游） 000796

如图1-53所示，安源股份（现名"安源煤业"）在开盘走势疲软，逐波下跌，在中间有三处下跌的角度几乎一样，说明做空的力度有很大的持续性。相同的角度导致相同的跌幅。投资者在出现等下跌角度时候就不要再过多幻想了，及早出局避免更大的损失。该股最大跌幅接近跌停板，尾盘虽有反弹，但幅度也很小。

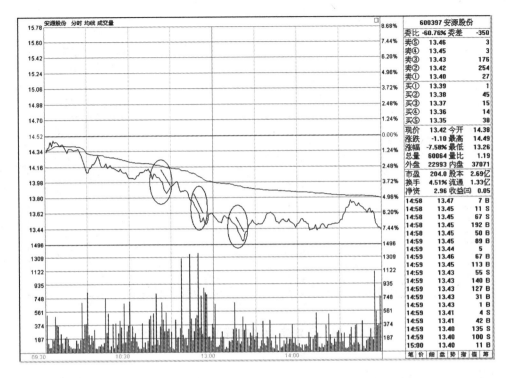

图 1 - 53　安源股份（安源煤业）　　　600397

3. 小下跌角度

　　小下跌角度是指：股价下跌走势形成并出现了一次反在弹走势之后，分时线再次形成了下跌走势，此时下跌走势的角度比上一波下跌走势的角度要小，分时线相对平缓，如图 1 - 54 所示。下跌角度变小说明盘中做空的力度跟上一波相比变弱。至于这样走势的个股后市是否能够反转还要结合成交量等观察，不能盲目下结论。

　　如图 1 - 55 所示，晨鸣纸业在开盘后宽幅震荡，成交低迷。但在下午开盘后多方终于抵挡不住空方的打压，节节败退，股价逐波下落，盘中有一个地方似乎跌势有点放缓，形成小下跌角度，这是不是股价开始站稳呢？下结论还为时过早。该股此后开始反弹，成交量巨幅放大。这是不是预示着股价开始转势？事实上恰恰相反，我们看到巨幅放量，股价居然没怎么

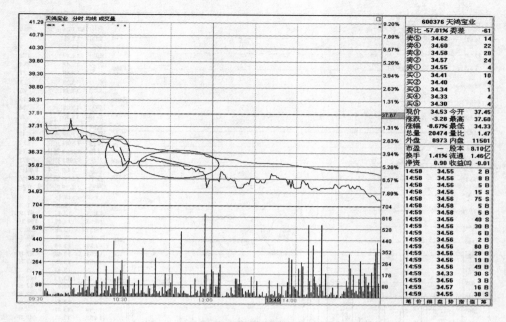

图1-54　天鸿宝业（首开股份）　600376

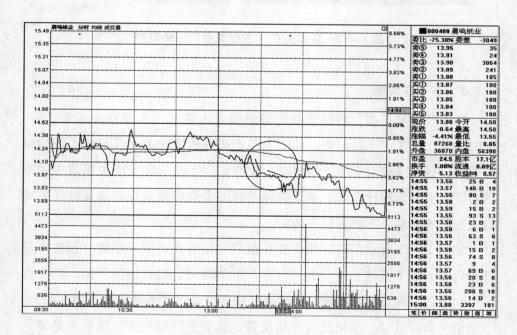

图1-55　晨鸣纸业　000488

涨，这是典型的量价背离，后市风险极大。果然该股继续大幅下跌，让跟进做多的投资者大跌眼镜。

六、上涨对立角度

1. 上涨大对立角度

上涨大对立角度是指：股价以某个角度下跌到底部后，又以某个角度开始上涨，上涨的角度大于下跌的角度，如图 1－56 所示。这说明盘中做多的力量远大于做空的力量，占据着绝对的主动，后市上涨的空间应该不小，投资者可以积极介入。

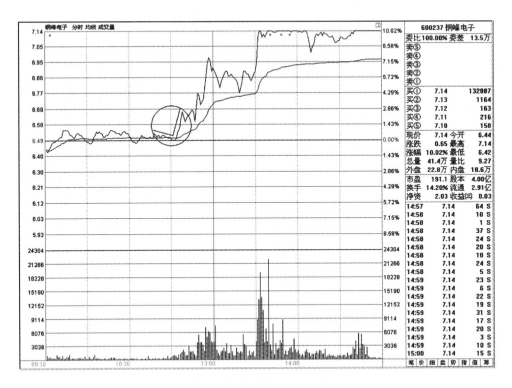

图 1－56　铜峰电子　600237

上涨大对立角度形成时，下跌的角度越小，上涨的角度越大，股价后市上涨的幅度也会越大。

如图1-56所示，铜峰电子在开盘小幅上涨后便进入长时间的回调过程中，成交量低迷，股价窄幅向下运行。在上午临近收盘的半个小时内，成交量开始放大，股价迅速上涨，分时线上升角度变得极为陡峭，形成上涨大对立角度。这是盘中资金积极做多的信号，投资者可以及时介入。该股在下午伴随着成交量的巨幅放大，股价直达涨停板。

2. 上涨等对立角度

上涨等对立角度是指：股价以某个角度下跌到底部后，又以某个角度开始上涨，上涨的角度等于下跌的角度，如图1-57所示。这说明盘中多空双方的力量相差无几，基本对等，所以形成了这样的角度。

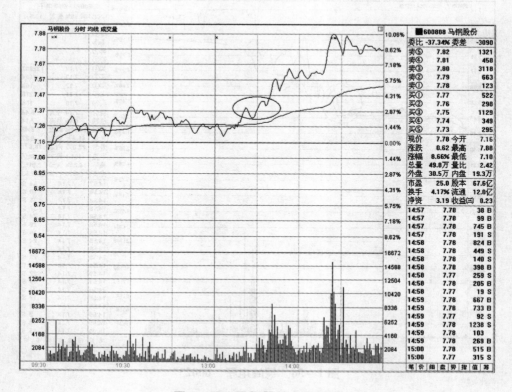

图1-57　马钢股份　600808

上涨等对立角度形成时，预示着股价前期是怎么下跌的，后期还会怎么涨回来。股价下跌的角度有多大，上涨的角度也将有多大。同样，下跌的幅度有多大，上涨的幅度也会有多大。当然，下跌的时间有多久，上涨的时间也将有多久。

如图1－58所示，昌河股份（现名"中航电子"）在开盘后连续上涨，但到达一个高点后开始回调，虽然偶有回升，但成交低迷，所以上涨幅度有限。在一次迅速下跌后股价开始反弹，下跌的角度与上涨的角度相同，形成上涨等对立角度。此时投资者该怎么操作呢？前面说过，上涨等对立角度的特征是股价怎么跌下去还会怎么涨回来，那就等涨回到原来的高点再观察。该股在涨回到上次的高点后果然停止了升势，进入了长时间的盘整中。此时投资者当然还得继续观望。该股直到收盘前半小时才又开始放量上涨，投资者这才可以择机介入。

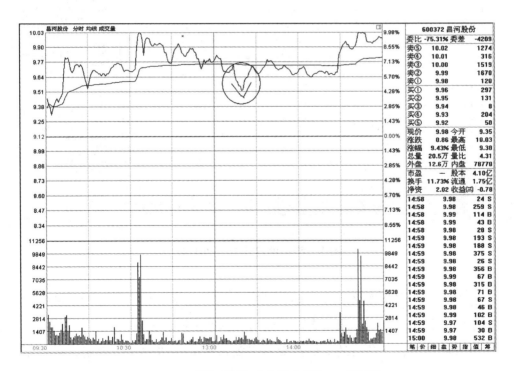

图1－58　昌河股份（中航电子）　　600372

事实上等角度上涨很难成为一个买卖信号，这要看股价的整体走势。如果整体下跌，则不宜介入；如果是整体上升，则通常可以介入。

3. 上涨小对立角度

上涨小对立角度是指：股价以某个角度下跌到底部后，又以某个角度开始上涨，上涨的角度小于下跌的角度，显得平缓很多，如图1-59所示。反弹角度的平缓说明场内资金做多的意愿不足，难以展开强劲的上涨。

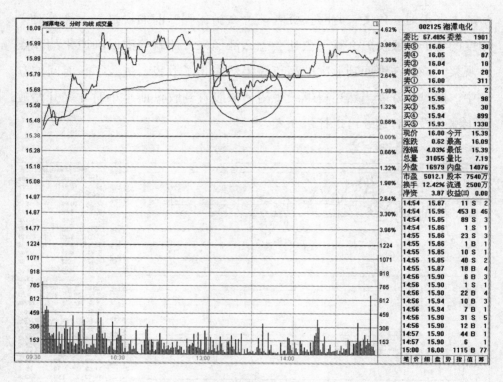

图1-59 湘潭电化 002125

上涨小对立角度形成的时候，股价一般在后市很难有大幅的上涨，盈利空间有限，投资者如果持有这类股票可以考虑换股操作。

一般而言，下跌后的上涨角度与下跌角度的差值越大，表明盘中资金做多的力度越小，因此，上涨小对立角度形成后，投资者可以离场观望了。

如图 1-60 所示，中核科技小幅低开后继续下行，止跌反弹后涨势惊人，甚至有点诡异。在第二波上涨后由于没有成交量的配合，股价还没涨到前期高点就回落。在上一个低点处股价止跌再次反弹，不过上涨的角度相对平缓，形成小上涨对立角度。这说明多方力量开始减弱，空方占据了上风。盘中成交量的萎缩也说明了这一点。没有成交量的放大，股价要上涨就很难。该股后市虽又上涨，但全天再也没有突破当日最高点。

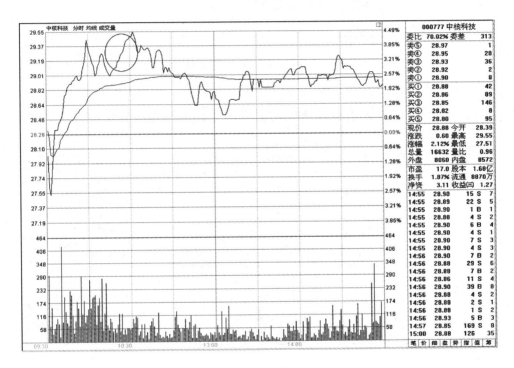

图 1-60　中核科技　000777

七、下跌对立角度

前面讲过上涨对立角度的分析，其意义非常重大。通过对上涨对立角度的分析，我们可以判明股票的未来涨势，在实际操作中尽量选择上涨大

对立角度的个股，而回避上涨小对立角度的个股。那么，对下跌角度的分析又有什么意义呢？下面我们将一一分析，希望对投资者有所启发。

首先要明确下跌角度的概念，如果连概念都不明白也就无从分析起。下跌对立角度是指：股价上涨结束后出现下跌的走势，在下跌走势形成后，我们可以把下跌的角度与前面上涨的角度进行对比，根据涨跌角度的对比可以判明盘中多空双方力量，从而制定相应的操作策略。对下跌角度的分析主要应用于回避风险，及时出货逃跑。

1. 下跌大对立角度

下跌大对立角度是指：股价上涨结束后出现下跌的走势，在下跌走势形成后，下跌的角度与上涨角度相比变得更陡峭，如图 1－61 所示。一般而言，下跌角度与上涨角度之间的差值越大，表明盘中做空的力度越大。

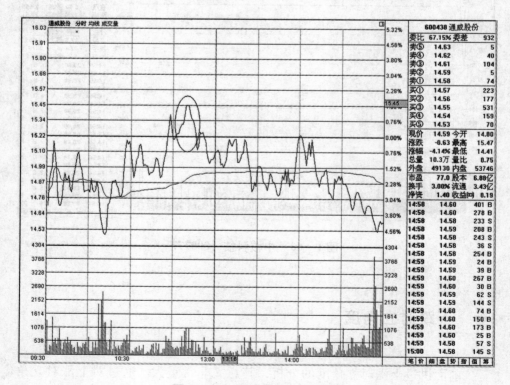

图 1－61 通威股份 600438

既然空方的力量大过做多的力量，毫无疑问，投资者没有必要继续呆在场内，回避为妙。

下跌大对立角度对股价未来的走势会产生重大影响，再要上涨非常之难。因为没有很长时间，多方无法化解场内强大的做空动能。特别是如果下跌的时候伴随着成交量的放大，那未来继续下跌的可能性就非常大。因此，一旦形成下跌大对立角度，且成交量放大，持股者应当机立断清仓出局。

如图 1－62 所示，新世界在开盘后迅速探底，45 分钟后终于止跌反弹，当反弹到当日高点的时候，股价再也不能往上突破了。此后股价迅速回落，分时线以非常陡峭的角度向下掉落，形成下跌大对立角度。这说明盘中做空力量非常之大。只有不计股价的大力度打压才可能形成这么陡峭

图 1－62　新世界　600628

的走势。在这种情况下，投资者就不要再幻想多方还能有所作为。此后该
股逐波继续下跌，最大跌幅达 7% 。

2．下跌等对立角度

下跌等对立角度是指：股价上涨结束后出现下跌的走势，在下跌走势
形成后，下跌的角度与上涨角度相比基本相同，如图 1 - 63 所示。下跌角
度相同说明盘中多空双方的力量相差不多，那么我们可以根据股价上涨时
的走势来研判股价未来的下跌走势。

图 1 - 63　北京旅游（北京文化）　　000802

一般来说，下跌等对立角度形成后，未来股价下跌的走势会与前期的
上涨走势保持一致，股价怎么涨的也将怎么跌回去，下跌的幅度也很可能
相似。

如图 1–64 所示，丰原生化（现名"中粮生化"）在当日开盘后持续下跌，一个多小时后才止跌反弹，经过三波上涨后到了股价当日高点。但反弹的过程中成交量一直没有放大，说明做多动能不足。此时股价再也无法突破了，股价掉头向下，形成下跌等对立角度。根据上涨角度，我们可以判断股价后期的下跌走势。股价是怎么反弹上去的，一般也会怎么跌回去，股价的涨幅和跌幅很可能相同——因此，下跌等对立角度形成后，投资者需要继续观望其后市发展，起码要等股价跌到相同幅度后再观察有没有进场机会。

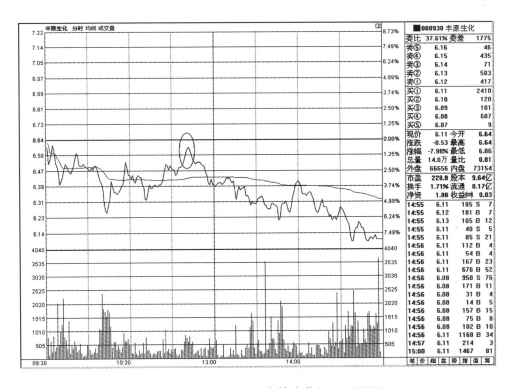

图 1–64　丰原生化（中粮生化）　　000930

3. 下跌小对立角度

下跌小对立角度是指：股价上涨结束后出现下跌的走势，在下跌走势

形成后，下跌的角度与上涨角度相比变得平缓，如图1-65所示。下跌角度相对小，说明多方占据主动地位，后市股价走好可期，很有可能有更大的涨幅。

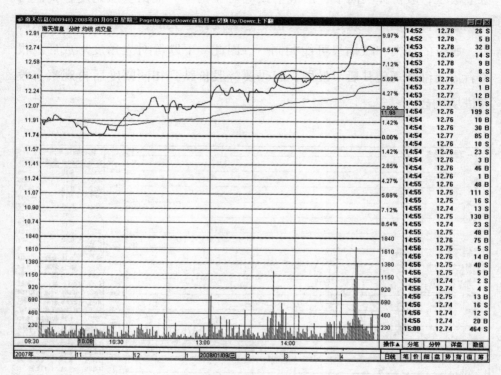

图1-65　南天信息　000948

如图1-65所示，南天信息当日开盘后小幅下跌，在昨日收盘价附近止跌反弹。随着成交量的温和放大，股价逐波上扬。股价在下午盘中出现了一个较长时间的回调，但回调的幅度很小，形成下跌小对立角度。这说明空方力量虚弱，根本无法大力打压股价，也很有可能是庄家高度控盘，暂时的回落只是借机把意志不坚定的获利盘震荡出局，为后市的大力上涨扫清障碍。该股在回调完毕后，伴随着成交量的大幅放大，股价直冲涨停板。

八、反弹时间

1. 短时反弹

短时反弹是指股价在出现反弹走势后反弹的时间非常短，随后就继续下探，如图 1－66 所示。这说明盘中空方力量占据绝对优势，多方组织的反攻简直就是不堪一击。投资者看到股价这样的走势，还是回避为妙。根据长期的观察，这样的股票后期继续下跌的可能性极大，投资者完全没必要去冒险。

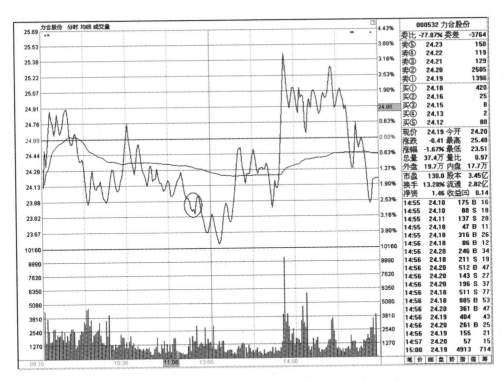

图 1－66　力合股份　000532

图 1－67 是紫鑫药业在 2008 年大跌行情中某日的分时走势图。该股在

当日开盘后便受大盘影响，持续下跌，每次反弹的力度都非常小，且维持时间特别短。在下跌过程中，量能逐步放大，说明市场的情绪越来越恐慌，抛盘汹涌而出，股价大幅下挫是在所难免了。该股最后以接近跌停报收，惨不忍睹。很多投资者在此过程中抱有侥幸心理，但事实上我们从回调的时间如此之短就可以看出，多方的力量实在是过于孱弱，反攻基本无望，如果能抓住那极短的反弹割肉出局倒不失为最佳选择。

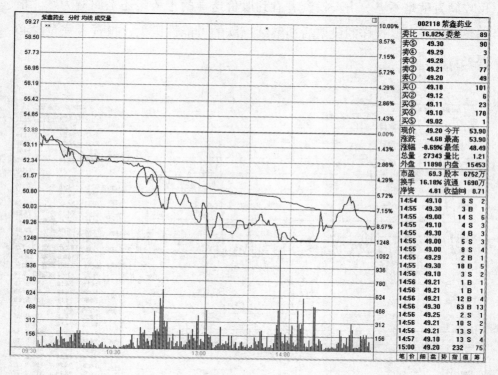

图1－67　紫鑫药业　002118

2. 中时反弹

中时反弹指股票在下跌过程中出现反弹走势，反弹的时间与前面下跌的时间相差不多。也就是说反弹与下跌两个波幅形成所用时间基本相同，如图1－68所示。这说明在此过程中多空双方力量相近。后市的走势还需要进一步观察。如果反弹伴随着成交量的放大，那止住跌势应该可期。

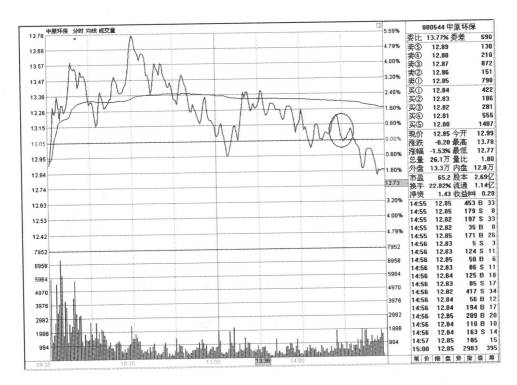

图1-68　中原环保　000544

　　图1-69是升华拜克在2008年3月某日的分时走势图。该股在开盘后迅速翻红，但好景不长，股价迅速回落。虽然偶有挣扎，但伴随着抛盘的持续杀出，下跌越来越迅猛。在图中椭圆所示出，该股有个稍微像样的中时反弹。反弹的幅度也不算小，但之后股价继续回落。最后报收跌了近7%。为什么这样的反弹如此无力呢？因为从盘中我们可以看到，反弹并没有伴随量能的放大，其持续性自然不能维持，更不要奢望就此扭转颓势。所以根据综合观察，中时反弹如果没有大资金介入，投资者还是观望为好，不要盲目抄底。

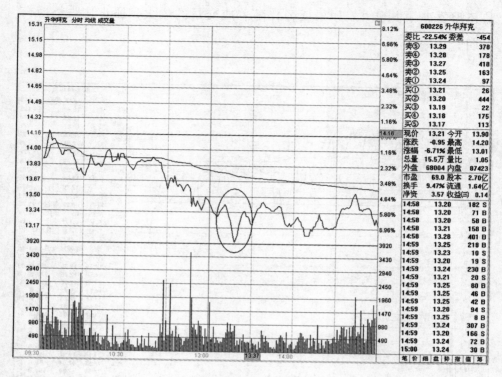

图 1-69　升华拜克　600226

3. 长时反弹

长时反弹是指股价出现反弹走势后反弹的时间很长，如图 1-70 所示。这是常见的弱势下跌股票的走势。此类反弹说明盘中做空的力量此时比较弱。但是不是股价就此反转呢？这也未必，还需要观察反弹的幅度和量能，综合分析。如果反弹的时间长，但反弹幅度很小，且后期没有量能放大，那么此后股价继续下跌的可能性很大。

如图 1-71 所示，南天信息开盘后小幅上涨，但随后便开始了漫漫下跌。时不时还伴有成交量放大，说明盘中大抛盘时有出现。该股直到下午收盘前一小时才开始了一次像样的反弹，反弹的时间比前次下跌的时间要长得多，上涨的幅度也还算不错，这得力于在反弹的过程中稍有资金介入。不过这点成交量还不足以使股价产生彻底的反转，所以股价直到收盘也未

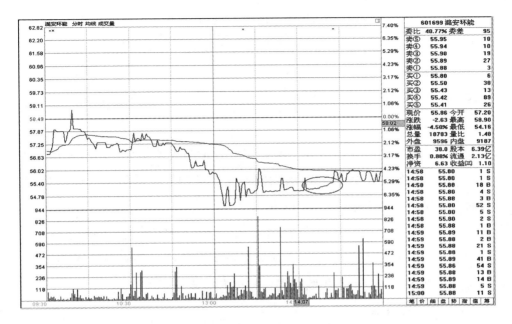

图 1-70 潞安环能 601699

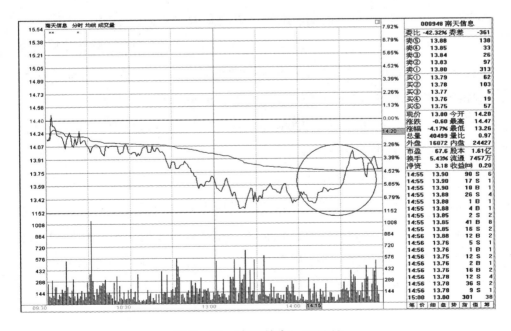

图 1-71 南天信息 000948

能达到当日的高点，反而在收盘时再度回落。总之，长时反弹并不意味着止跌站稳，必须要有巨大资金的支持，否则还有下跌的可能。

九、反弹力度

反弹力度是衡量反弹过程中多空双方力量的重要指标。通过对反弹力度的分析，我们基本可以判断出股价当前波动的性质和后市发展的趋势，从而决定后市的操作策略，做到心中有数。

反弹力度就是盘中做多的力度，力度大则反弹幅度大，力度小则反弹幅度小。反弹力度大，投资者可以根据盘面变化择机跟进；反弹力度小，则需谨慎操作，持股者当果断出局，持币者应该观望为好。

1．小力度反弹

小力度反弹指在股价出现反弹走势后分时线上涨的幅度非常小，不到前期跌幅的1/3，相对于前期的跌幅可以说是微乎其微，如图1-72所示。这说明盘中做多的力量很虚弱，根本无力与多方抗衡，所以稍微反抗就缴械投降了。小力度反弹多出现在领跌个股的强势下跌过程中，投资者见到这样的走势应该小心谨慎，最好及时回避，以免被下一波跌势伤及。

图1-73是东华实业在2008年2月某日的分时走势图，当时大盘仍"跌跌不休"，大部分个股也难以幸免。该股开盘有一个小幅的上涨，此后便跟随大盘逐波下挫。其中也有多次的反弹，但大多力度很小，反弹的时间也很短，如图中圆圈内所示。这说明盘中做多的力量很小，要扭转颓势基本无望，股价持续下跌的可能性很大，投资者应及时出局，此后股价继续大幅下挫也证明了这一点。尾盘跌4%多，与最高点相差6个百分点，可见当日该股走势疲软。

2．中力度反弹

中力度反弹指股价出现反弹走势后，上涨的幅度基本等于前期下跌的

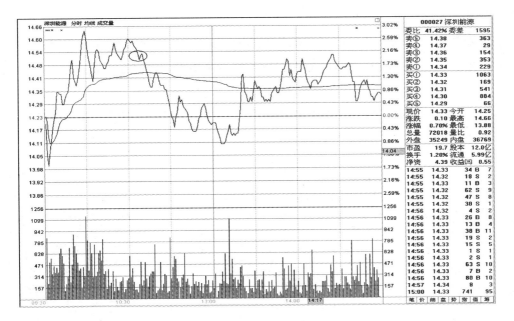

图 1-72 深圳能源 000027

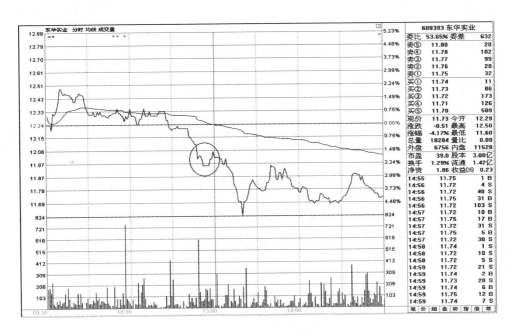

图 1-73 东华实业 600393

幅度的一半，如图1-74所示。这说明盘中多空双方的力量相差不远，空方略微占优。投资者可以关注后市量能的变化，一旦量能放大，可以跟进做多。反过来，没有量能的放大，后市仍然不看好，继续下跌的可能性大。

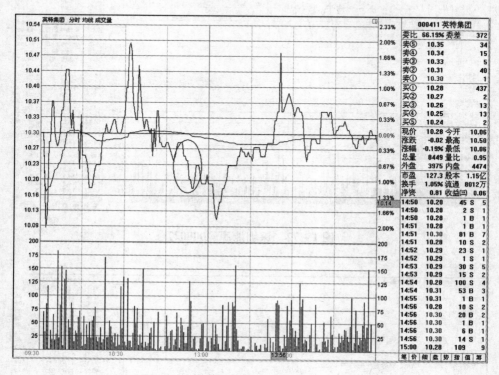

图1-74　英特集团　000411

图1-75是博盈投资（现名"斯太尔"）在2008年3月某日的分时走势图。该股从开盘后就持续下跌，弱势特征明显。图中圆圈内的那波反弹力度算是中力度反弹，反弹的幅度接近前期跌幅的一半，按道理多方力量还不错，但后期走势依然疲软。这就需要我们关注盘中量能的变化。我们发现该股在下跌的时候量能持续放大，说明空方杀跌动能十足，而反弹的时候量能急剧萎缩，即便是中力度反弹也没见量能放大，因此后市该股的走势依然不容乐观，投资者不宜此时介入，还有待观察。该股尾盘跌4%多。

图 1 – 75　博盈投资 〔斯太尔〕　　000760

3．大力度反弹

大力度反弹指股价出现反弹走势后，上涨的幅度大于或等于前期下跌的幅度的1/2，甚至彻底吞没前期的跌幅，如图 1 – 76 所示。这说明盘中多方的力量很强大，空方暂时处于弱势。投资者此时可以密切关注盘面的变化，一旦形成反转就可以及时跟进。

图 1 – 77 是昌九生化在 2008 年 3 月某日的分时走势图。该股在开盘后有一小波上涨，此后大幅下挫，其中也有反弹，如图中圆圈所示，其反弹的力度接近前期跌幅，当属于大力度反弹。但遗憾的是这次反弹没有量能的放大，所以后市该股虽回涨幅度不小，但尾盘又快速下跌，没有形成真正的反转走势。

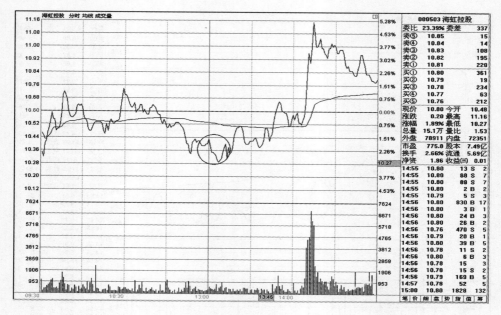

图 1-76　　海虹控股　　000503

图 1-77　　昌九生化　　600228

十、反弹量能

1. 缩量或无量反弹

缩量反弹是指：股价经过下跌后开始反弹，在反弹的过程中，成交量逐步萎缩，如图1－78所示。在反弹过程中成交量逐步萎缩，说明场内资金做多意愿不强，参与的资金较少。这样的上涨显然不够真实，很多是庄家拉高出货，投资者要万分小心，别栽进多头陷阱中。

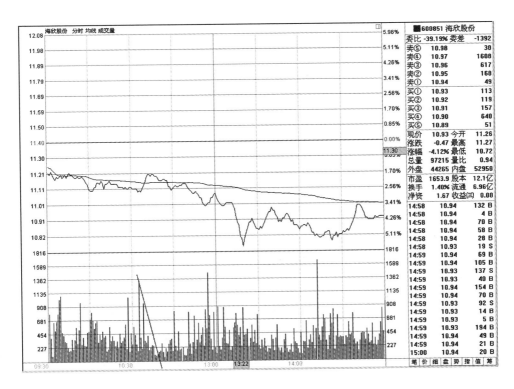

图1－78 海欣股份 600851

无量反弹跟缩量反弹类似，只是量能更为萎缩，参与者寥寥，后市大幅度上涨基本无望，如图1－79所示。

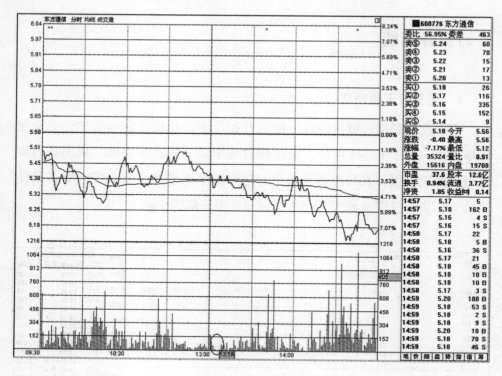

图1-79　东方通信　600776

如图1-80所示，山西焦化在当日低开低走，股价最低曾触及跌停板，此后开始反弹，但是反弹的过程中成交量逐渐萎缩，说明盘中做多力度越来越小，不排除庄家拉高出货的可能。该股在成交量低迷的情况下继续拉高，在接近昨日收盘价的时候重新回落，最后收盘于7.5%附近。这说明缩量反弹并不是真正的上涨，虚假性很高，投资者千万不要盲目跟进。任何股票的上涨都得建立在资金推动的基础上，缩量反弹必定不能持续很久，重新回落也是必然的，除非该股已经被高度控盘了，否则缩量反弹就不可能形成真正的反转。

2．放量反弹

放量反弹是指：股价经过下跌后开始反弹，在反弹的过程中，成交量逐步放大，如图1-81所示。在反弹过程中成交量逐步放大，说明场内资

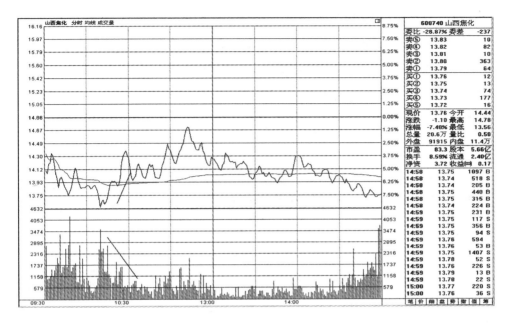

图1-80　山西焦化　600740

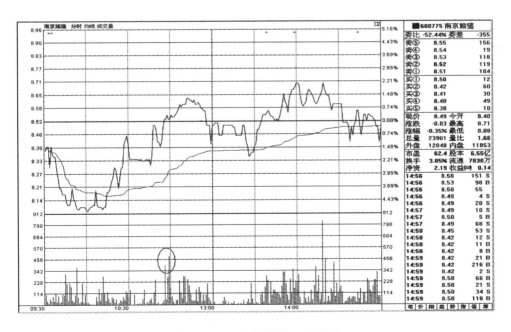

图1-81　南京熊猫　600775

金做多意愿增强，参与的资金较多，后市继续上涨可期。

如图1－82所示，安徽合力当日在大盘的带动下节节走低，在跌停板上方获得支撑，股价开始触底反弹。在反弹的过程中量能逐步放大，甚至爆出当日巨量，说明场内资金参与做多，做多意愿强烈。既然有资金推动，股价自然节节攀升。该股涨幅最高曾达到3.5%，从最低到最高的区间超过10%，反弹力度可谓强劲。虽然该股后来重新回落，但最后还是收于昨日收盘价附近，相比当日最低价已经是很好了。放量反弹说明股价的上涨得到了大资金的支持，胆大的投资者不妨跟进，很有可能在弱势市场中获得较好的赢利。

图1－82　安徽合力　600761

十一、波长

投资者对分时线的分析不能仅限于时间、角度的分析，还要对涨跌的波长幅度进行分析。通过对波长的分析可以了解到场内多空双方的力度强弱。一般而言，股价上涨的波长幅度越大，则盘中做多的力度越大，此时如果股价的上涨角度也较大，那么后市的走势将值得期待，跟进做多应该是个不错的选择。反之，如果是下跌的情况，则反映的是做空力度的大小。

一般而言，股价在涨跌的过程中，经常会出现波长的延长、波长的相似和波长的缩短等走势。涨跌波长的大小不一，相应的操作策略当然也有不同。无论股价是跌是涨，波长分析的方法都相差无几，只要把方向倒转过来就行。

1．延长波长

延长波长是指：股价上涨或下跌的波长相对于上一个波段的上涨或下跌的波长有所延长，如图1－83所示。比如上一次涨了2%，这一次涨了4%，这就是波长的延长。上涨的时候，波长延长说明场内资金加大了做多的力度，涨势更加凶猛，投资者此时就没有必要看空。反之，在下跌的时候，下跌的波长比上一次下跌的波长要长，说明空方加大了打压的力度，跌势有所加剧，投资者此时则要注意风险，及时出局，避免更大的损失。

如图1－84所示，北大荒在当日触底反弹后有很多个波次的上涨，第二次上涨的波长明显长于第一次上涨的波长，并且成交量逐渐放大，这说明做多力度得到加强，所以上涨的幅度也相应增长了。但是到了第三个上涨波段的时候，我们发现，虽然成交量继续放大，但上涨的幅度却大大降低了。这就值得投资者警醒。这么大量没有把股价推高很多，只能说明场内做空的力度同样强大，获利盘的出逃抵消了做多的力度，所以形成了当日的天量，股价却没有相应大幅度增长。这就是通常所说的量价背离。

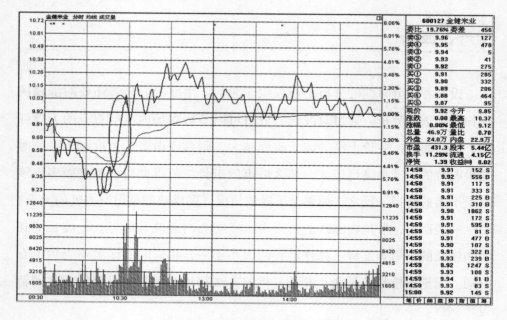

图1－83　金健米业　600127

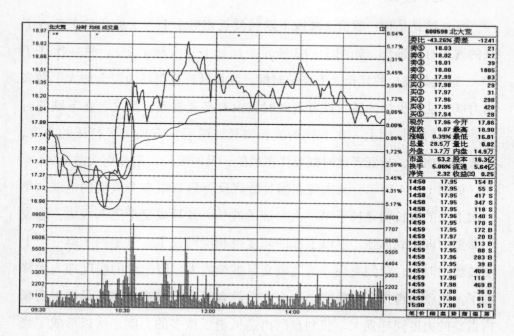

图1－84　北大荒　600598

2. 相似波长

相似波长是指：股价上涨或下跌的波长与上一个波段的上涨或下跌的波长基本相似，如图1-85所示。比如上一次下跌了2%，这一次同样下跌了2%，这就是波长的相似。上涨波长相似说明当时做多的力度保持一致，同样下跌的波长相似说明做空的力度保持一致。

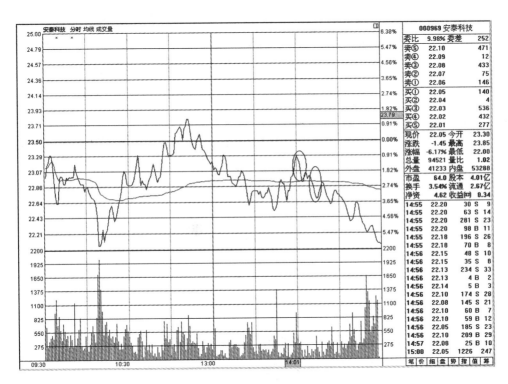

图1-85 安泰科技 000969

如图1-86所示，大众公用在当日走势相当疲软，盘中虽有反弹，但始终是绿盘。在尾盘的时候股价展开了大幅度的下跌走势。从图中我们可以看出，第一波下跌还比较短，第二波就延长了许多，说明做空动能得到加强，风险无疑加大了很多。第三波的下跌波长与第二波基本相似，说明做空动能丝毫没有减弱，风险依旧。该股后市继续下跌，跌幅甚大。

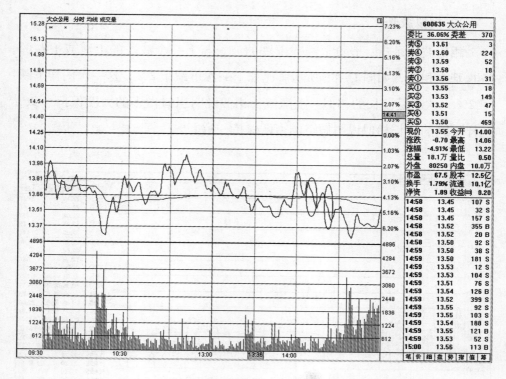

图 1 - 86　大众公用　600635

3. 缩短波长

缩短波长是指：股价上涨或下跌的波长相对于上一个波段的上涨或下跌的波长有所缩短，如图 1 - 87 所示。比如上一次下跌了 3%，这一次同样下跌了 2%。上涨波长的缩短说明当时做多的力度减弱了，后市不容乐观，股价很有可能回落；同样，下跌波长的缩短说明做空的力度有所减弱，多方的力量得到加强，后市很可能止跌站稳。

如图 1 - 88 所示，通威股份在当日触底反弹后展开了连续的上攻走势。第一个上涨波长和第二个上涨波长差不多，说明做多的力度保持一致。此后股价进入盘整阶段，但回落的低点一致，说明在这个位置获得了暂时的支撑。盘整完成后展开了第三波和第四波的上攻，但我们发现第四波的波长明显短于第三波的波长，并且成交量严重萎缩，说明做多力度严重不足，

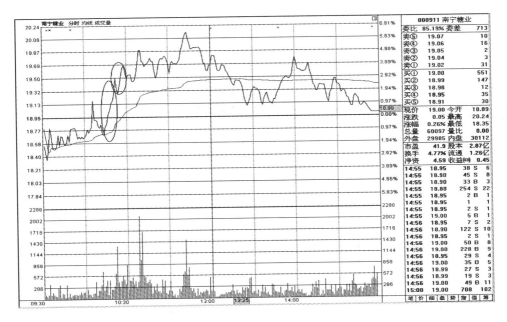

图 1 - 87 南宁糖业 000911

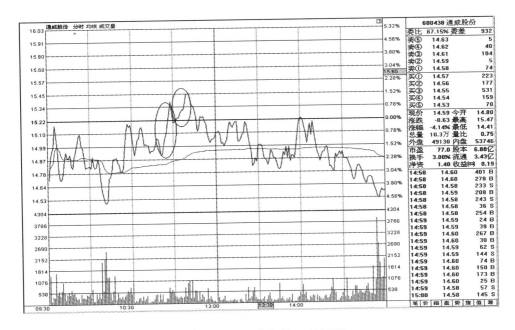

图 1 - 88 通威股份 600438

股价未来走势存在较大风险。果然，该股开始持续下跌，跌幅接近7%，可谓惨烈。

第五节　实盘排名表分析与运用

一、当日涨幅排名表的分析

涨幅排名表对投资者选股有重要参考意义，同时，实盘中涨幅排名表的变化也有玄机。一般而言，只有龙头个股才会出现在涨幅排名表的前列，从排名表中找到龙头股和龙头板块，在一定程度上就缩小了我们选股的范围，然后我们可以在龙头板块里寻找蓄势待发的个股，及时跟进。

对涨幅排名进行分析可以遵循以下原则：

（1）在排名表中有多只股票同属一个板块概念，说明该板块概念已成为短期市场热点。投资者应该注意其中成交量能较大的个股、涨幅不大的个股以及次新品种。

（2）没有明显基本面原因而经常出现在排名表前列的个股无疑是长庄股，可以中长线反复注意跟踪，配合其他指标进出套利。

（3）因基本面情况出现在排名表前列的个股需要分析其题材的有效时间。

（4）前期经常放量的个股，一旦再次价量配合出现在排名表前列，有短线套利价值。

（5）在交易日偏早时间进入排名表前列并表现稳定的个股有连续潜力，在交易日偏晚时间进入该榜的个股连续潜力一般（突发事件影响除外）。

（6）长时间不活跃的低位股第一次进入排名表前列，说明该股有新庄介入的可能。

（7）在 K 线连续上涨到高位后进入到排名表前列的个股，应小心庄家随时可能出货。

图 1－89 是 2008 年 3 月 19 日盘中的涨幅排名表，涨停的个股有 30 多家，板块比较杂乱，但仔细研判，我们还是发现了一些热点板块。比如节能环保板块，具体的个股有龙净环保、菲达环保和中原环保等。再如农业板块，具体个股有禾嘉股份、登海种业和钱江生化等。当日是 A 股大幅度下挫之后首日反弹，大多数投资者还在犹豫该进场还是观望。笔者认为经过大幅下跌后至少也有个反弹，可以做个短线差，于是从农业板块里寻找到还未怎么大涨的中粮屯河，积极买进，收盘前该股随着农业板块的再次趋热大涨 9 个多点，第二天借着反弹趋势从容卖出，获利颇为令人满意。

▼	代码	名称	涨幅%	现价	日涨跌	买入价	卖出价	委量差	现量	涨速%	换手%	今开	委比%	市盈率	内外比
1	002222	N 福晶	×160.72	20.31	12.52	20.31	20.32	453	107	-0.68	73.82	22.00	53.99	62.41	0.93
2	600778	友好集团	10.07	8.31	0.76	8.31	—	1267	23	0.24	2.24	7.73	100.00	36.83	0.80
3	600537	海通集团	× 10.05	9.75	0.89	9.75	—	44063	12	0.00	6.81	9.10	100.00	74.26	1.18
4	000897	津滨发展	10.05	9.75	0.89	9.75	—	19670	10	0.00	1.95	9.40	100.00	160.23	1.02
5	600093	禾嘉股份	× 10.04	10.41	0.95	10.41	—	70791	2	0.00	8.30	9.76	100.00	933.92	1.33
6	600630	龙头股份	× 10.04	13.48	1.23	13.48	—	57933	2	0.00	11.93	12.80	100.00	299.77	1.52
7	002035	华帝股份	× 10.04	11.18	1.02	11.18	—	3859	10	0.00	9.26	10.51	100.00	129.60	1.51
8	600782	新钢股份	× 10.04	14.14	1.29	14.14	—	2167	5	0.00	3.85	13.00	100.00	382.29	1.96
9	002046	轴研科技	× 10.04	14.36	1.31	14.36	—	814	15	0.41	2.56	13.30	100.00	36.62	1.10
10	600856	长百集团	× 10.03	13.38	1.22	13.38	—	6540	60	0.00	5.95	12.55	100.00	795.33	0.88
11	000862	银星能源	× 10.03	18.32	1.67	18.32	—	6922	100	0.00	13.62	17.60	100.00	227.88	2.23
12	600388	龙净环保	× 10.03	19.09	1.74	19.09	—	4662	276	0.00	7.43	18.00	100.00	33.53	0.84
13	600796	钱江生化	× 10.03	12.07	1.10	12.07	—	8520	2	0.00	28.28	11.00	100.00	101.03	1.09
14	600613	永生数据	× 10.03	12.84	1.17	12.84	—	15016	1	0.00	1.49	12.47	100.00	120.44	111.22
15	000695	滨海能源	× 10.03	8.78	0.80	8.78	—	40495	10	0.00	3.55	8.40	100.00	—	2.85
16	600526	菲达环保	× 10.02	16.03	1.46	16.03	—	4044	5	0.00	7.72	15.05	100.00	141.65	0.93
17	000544	中原环保	× 10.02	11.86	1.08	11.86	—	32613	3	0.00	9.10	11.19	100.00	60.14	1.57
18	600761	安徽合力	× 10.01	22.63	2.06	22.62	22.63	21	32	0.00	14.33	21.50	3.43	25.15	1.00
19	600844	丹化科技	× 10.01	23.95	2.18	23.95	—	339	1	0.00	3.28	22.49	100.00	94.56	1.20
20	002079	苏州固锝	× 10.01	17.58	1.60	17.58	—	4812	3	0.00	5.02	16.52	100.00	90.61	1.18
21	600873	五洲明珠	× 10.01	10.55	0.96	10.55	—	16710	7	0.00	4.91	10.00	100.00	116.54	1.21
22	600376	天鸿宝业	× 10.00	28.70	2.61	28.56	28.70	289	40	0.17	1.99	26.60	67.05	—	1.02
23	002167	东方锆业	× 10.00	42.23	3.84	42.23	—	484	20	0.57	15.80	37.38	100.00	92.45	0.70
24	600897	厦门空港	× 10.00	23.10	2.10	23.10	—	4198	6	0.00	9.26	21.88	100.00	40.36	1.17
25	600846	同济科技	× 10.00	12.10	1.10	12.10	—	16242	20	0.00	13.53	11.49	100.00	94.72	1.13
26	600523	贵航股份	10.00	16.06	1.46	16.06	—	1295	394	0.68	4.95	15.18	100.00	123.73	0.98
27	000165	宁夏恒力	× 10.00	8.14	0.74	8.14	—	14355	2	0.00	5.33	7.61	100.00	392.84	0.95
28	002180	万力达	× 10.00	33.11	3.01	33.11	—	4419	1	0.00	12.78	30.50	100.00	46.92	1.39
29	002041	登海种业	× 10.00	16.61	1.51	16.61	—	211	62	0.00	4.52	15.57	100.00	—	0.79
30	000989	九芝堂	× 10.00	14.08	1.28	14.08	—	1175	22	0.00	3.32	13.21	100.00	35.39	1.01
31	000909	数源科技	× 10.00	10.67	0.97	10.67	—	8433	1	0.00	20.05	9.70	100.00	1023.55	0.69
32	000819	岳阳兴长	× 10.00	28.16	2.56	28.16	—	2540	8	0.00	3.01	26.48	100.00	226.94	0.94
33	600635	大众公用	9.99	19.26	1.75	19.26	—	4945	2018	0.31	5.80	18.15	100.00	101.99	0.95

分类 ▲ | A 股 ▲ | 中小 | B 股 ▲ | 权证 ▲ | 基金 ▲ | 三板 ▲ | 目选 | 地区 ▲ | 行业 ▲ | 机会 ▲ | 自定 ◀

图 1－89　涨幅排名表

二、跌幅排名表分析

跌幅排名表对投资者回避个股有重要参考意义。从跌幅排名表中我们可以发现当天领跌的板块，这样既可以避免选错股，也可以决定是否需要卖出持仓的股票，从而回避风险。领跌板块的个股很难一枝独秀，即便在前期涨势不错，但也可能随着板块的低迷而走弱。因为证券市场的"羊群效应"无处不在，几只同板块的个股大涨可以带领其他同类股票大涨，反过来，几只同板块的个股大跌可以带领其他同类股票大跌。

对跌幅排名进行分析可以遵循以下原则：

（1）排名表中有多只股票同属一个板块，说明该板块成为短期抛售热点，应避开中线投资该股。

（2）没有明显基本面原因，经常出现在排名表上的个股属于撤退股，要中长线避开。

（3）因基本面原因出现在排名表上的个股，要分析题材的有效时间。

（4）前期经常放量，再次价量配合出现在排名表中，有较大危险。

（5）当天偏早时间进入排名表，表现稳定的个股有连续下跌潜力；当天偏晚时间进入排名表的个股潜力一般，除非突发事件影响。

（6）长时间不活跃的低位个股第一次进入排名表，有新主力介入可能。

（7）连续上涨到高位进入排名表的个股，小心主力随时出货。

图1-90是2008年3月19日盘中的跌幅排名表，跌停的个股一望就知道大部分是ST板块，这说明这个板块成了近期投资者抛弃的重点对象。投资者这时候再想购买ST股显然不理智。另外我们看到有两只个股跌停——啤酒花和欣龙控股。当天大盘上涨近百点，绝大多数股票红盘，这两只股票却跌停，显然是个股本身原因，我们可以查阅该公司的相关资料了解，也许将来这个基本因素消除的时候就是介入该股的时机。

	代码	名称	涨幅%↑	现价	日涨跌	买入价	卖出价	委量差	现量	涨速%	换手%	今开	委比%	市盈率	内外比
1	600090	啤酒花	× -10.01	14.38	-1.60	—	14.38	-30.8万	7	0.00	0.46	14.38	-100.00	65.86	0.00
2	000955	欣龙控股	-10.00	12.69	-1.41	12.69	12.69	-36.1万	6	0.00	0.62	12.69	-99.88		0.00
3	600604	*ST二纺	× -5.03	6.79	-0.36	—	6.79	-73779	31	0.00	0.32	6.79	-100.00		0.00
4	600714	*ST金瑞	-5.02	9.84	-0.52	9.84	9.85	-411	1	-0.80	3.13	9.84	-90.33		0.80
5	000605	*ST 四环	-5.00	15.19	-0.80	15.19	15.19	-1117	2	0.00	8.32	15.19	-85.46		0.61
6	600862	*ST通科	-5.00	11.40	-0.60	—	11.40	-731	3	0.00	4.03	11.40	-100.00	25.73	0.34
7	600094	*ST华源	× -4.99	5.33	-0.28	5.33	5.34	-1048	80	0.00	3.55	5.33	-85.20		0.77
8	600757	*ST源发	-4.99	6.86	-0.36	—	6.86	-629	120	0.00	3.65	6.90	-100.00		0.58
9	600800	S*ST磁卡	-4.98	11.83	-0.62	—	11.83	-13394	3	0.00	3.22	11.83	-100.00	539.60	0.29
10	600722	*ST沧化	-4.97	7.26	-0.38	—	7.26	-3223	221	0.00	4.02	7.26	-100.00	2.71	0.48
11	600664	S哈药	× -4.96	11.69	-0.61	—	11.69	-37164	4	0.00	2.94	11.69	-100.00	35.67	0.25
12	000555	*ST 太光	-4.91	8.13	-0.42	8.15	8.15	459	6	-0.24	2.78	8.15	91.98	220.29	1.07
13	000430	S*ST张股	-4.89	10.12	-0.52	10.11	10.11	69	4	0.09	1.88	10.15	20.23	344.77	0.72
14	002012	凯恩股份	-4.84	11.02	-0.56	11.05	11.05	223	1	0.63	12.57	10.42	12.88		0.49
15	000979	ST 科苑	-4.67	8.17	-0.40	8.17	8.17	-99	4	0.24	5.73	8.14	-63.06		0.40
16	000413	*ST宝石A	-4.62	6.20	-0.30	6.28	6.28	8	3	-0.95	1.38	6.48	100.00	488.36	2.17
17	600720	祁连山	-4.58	10.22	-0.49	10.21	10.22	-252	79	0.00	8.54	9.64	-13.74	118.52	0.77
18	000578	ST 盐湖	-4.57	28.00	-1.34	28.00	28.00	140	8	0.35	10.63	27.87	4.82		0.42
19	000799	*ST 酒鬼	-4.30	17.81	-0.80	17.81	17.81	138	30	-0.16	3.18	17.68	12.97	86.41	0.74
20	600369	*ST长运	-4.25	12.40	-0.55	12.40	12.43	-284	100	0.56	3.40	12.50	-25.45		0.83
21	600699	*ST得亨	-4.22	7.04	-0.31	7.03	7.04	-957	14	0.14	3.58	6.98	-50.08	80.44	0.44
22	000895	双汇发展	-4.10	37.40	-1.60	37.45	37.45	-476	5	-0.26	1.08	39.50	-31.48	41.37	0.77
23	000960	锡业股份	-4.07	49.00	-2.08	49.00	49.00	-215	1	0.04	3.12	51.50	-5.15	43.78	0.65
24	600739	辽宁成大	-4.07	38.90	-1.65	38.99	39.00	-633	345	-0.30	4.12	40.15	-70.41	14.70	0.70
25	600984	*ST建机	-3.95	9.97	-0.41	9.86	9.97	75	20	1.11	1.70	9.86	36.59	178.05	0.47
26	600892	SST湖科	-3.95	17.52	-0.72	17.35	17.52	-151	1	1.03	4.81	17.33	-55.72		0.91
27	600988	*ST宝龙	-3.87	9.20	-0.37	9.19	9.20	48	16	0.65	3.62	9.09	17.65		1.28
28	600338	ST珠峰	-3.74	8.24	-0.32	8.25	8.30	-284	11	0.48	1.55	8.13	-59.92		0.64
29	000007	ST 达声	-3.71	7.26	-0.28	7.26	7.26	347	42	-0.54	3.58	7.16	85.26		0.40
30	600612	焦作万方	-3.71	35.60	-1.37	35.00	35.00	2389	2	0.00	4.70	35.97	32.40	22.85	0.68
31	600579	*ST黄海	-3.64	6.62	-0.25	6.60	6.62	1455	30	0.60	2.83	6.54	81.15	106.22	0.64
32	000683	远兴能源	-3.56	16.80	-0.62	16.80	16.80	731	116	0.90	4.47	17.55	23.11	68.81	0.96
33	600076	ST华光	-3.53	5.74	-0.21	5.73	5.74	-215	13	0.34	1.64	5.95	-19.78		1.23

分类▲ A股 中小 B股 权证 基金 三板 自选 板区 ▲ 行业▲ 概念▲ 自定▲

图 1-90 跌幅排名表

三、5 分钟涨幅表分析

进入该表的股票是由于主力大单拉升引起的，通过该表能发现短线强势股，特别适合周一早市前半小时与周五尾市后半小时使用，因为主力经过周六、周日思考后会有所决定。周一走势强劲的股票，容易在一周内走好；周五尾市强劲的股票，周六、周日容易被推荐，这样可在周五买入下周一卖出，弱市中赚取 2%～3% 的收入，强市中赚取 7%～8% 的收入。周一早市和周五尾市不用常盯着盘面，可设定大单监控。

（1）强市可短线买入该表中处于低位的个股。

（2）弱市避免短线买入该表中处于高位的个股。

（3）强市周末尾市进入该表的个股容易被推荐。

（4）盘中和盘后利用该表进行研判，是发现主力的第一步。

很遗憾的是很多股票软件并没有这项服务。

四、量比排名表分析

量比是衡量相对成交量的指标。它是开市后每分钟的平均成交量与过去 5 个交易日每分钟平均成交量之比。其计算公式我们在前面已经讲过。

当量比大于 1 时，说明当日每分钟的平均成交量大于过去 5 日的平均数值，交易比过去 5 日火爆；当量比小于 1 时，说明现在的成交量比不上过去 5 日平均水平。

	代码	名称	量比	均价	昨收	内盘	外盘	内外比	总量	买量一	卖量一	买价一	卖价一	卖价二	卖量二
1	000852	江钻股份	×13.03	19.39	21.02	28534	80881	0.35	10.9万	10	104	21.48	21.50	21.65	61
2	100236	桂冠转债	10.01	169.35	184.80	161	1040	0.15	1201	7	4	168.52	172.88	172.92	62
3	010103	21国债(3)	9.25	100.08	100.12	12.3万	19.4万	0.63	31.7万	11	49884	100.04	100.05	100.08	13000
4	110026	中海转债	9.00	106.09	104.49	28500	47125	0.60	75625	25	20	108.30	108.49	108.70	25
5	600558	大西洋	8.13	15.70	16.58	15021	16188	0.93	31209	7	5	17.10	17.18	17.20	20
6	110227	赤化转债	7.44	115.45	115.00	858	3604	0.24	4462	12	20	115.32	116.99	117.00	15
7	000652	泰达股份	6.94	14.57	13.31	14.4万	87352	1.65	23.1万	189	606	14.62	14.63	14.64	9880
8	600761	安徽合力	6.01	21.15	20.57	94171	93225	1.01	18.7万	2	555	21.70	21.80	21.85	28
9	000758	中色股份	5.80	27.82	29.43	29697	39174	0.76	68871	19	5	30.22	30.24	30.25	41
10	600984	*ST建机	5.28	9.92	10.38	1555	6676	0.23	8231	100	14	10.14	10.15	10.18	2
11	600521	华海药业	5.20	21.32	21.03	17304	19535	0.89	36839	5	378	21.92	22.00	22.01	8
12	600800	S*ST磁卡	5.07	11.45	12.45	11043	51026	0.22	62069	3	39	11.89	11.90	11.96	27
13	200512	*ST灿坤B	4.92	1.62	1.68	9418	14768	0.64	24186	16	61	1.68	1.69	1.70	23
14	600757	*ST源发	4.57	6.91	7.22	19205	38431	0.50	57636	13	1	7.00	7.01	7.02	46
15	002012	凯恩股份	4.47	10.68	11.58	36989	97730	0.38	13.5万	51	50	11.96	11.98	11.99	506
16	600620	天宸股份	4.36	9.36	9.01	82955	98675	0.84	18.2万	89	440	9.67	9.68	9.69	125
17	600022	济南钢铁	4.25	13.82	13.56	33270	40635	0.82	73905	22	276	14.10	14.11	14.14	70
18	600338	ST珠峰	4.24	8.20	8.56	3491	6674	0.52	10165	10	124	8.48	8.50	8.51	2
19	600828	*ST成商	4.18	21.96	21.61	7275	1763	4.13	9038	9	48	22.65	22.87	22.89	3
20	010307	03国债(7)	4.17	97.26	97.41	500	0	—	500	32	50	97.26	97.80	98.05	10
21	600579	*ST黄海	4.05	6.59	6.87	7418	13494	0.55	20912	27	60	6.72	6.75	6.76	5
22	600673	阳之光	4.04	18.61	18.95	11464	13762	0.83	25226	10	11	19.31	19.34	19.35	7
23	600979	ST科苑	4.01	8.16	8.57	6587	26595	0.25	33182	31	23	8.35	8.37	8.38	101
24	600750	江中药业	×3.97	12.74	13.07	19916	26346	0.76	46262	16	158	13.44	13.45	13.46	867
25	002099	海翔药业	×3.84	13.23	13.18	8190	11633	0.70	19823	10	11	13.43	13.44	13.45	446
26	900943	开开B股	3.83	0.690	0.655	1048	2629	0.40	3677	4	50	0.698	0.703	0.705	5
27	600892	SST湖科	3.79	17.36	18.24	1878	2666	0.70	4544	6	2	17.63	17.67	17.70	1
28	120101	01中移动	3.78	103.03	103.00	75	379	0.20	454	19	10	103.29	103.30	103.40	10
29	002097	山河智能	3.77	31.21	31.39	15920	20241	0.79	36161	109	31	32.60	32.61	32.62	15
30	200468	宁通信B	3.73	3.39	3.32	762	1927	0.40	2689	88	51	3.50	3.51	3.52	2
31	600862	*ST通科	3.73	11.50	12.00	5477	25373	0.22	30850	7	15	12.07	12.09	12.10	68
32	000718	苏宁环球	3.68	19.90	19.52	12263	12052	1.02	24315	1	1	20.28	20.37	20.38	24
33	000960	锡业股份	3.68	50.88	51.00	18160	27361	0.66	45521	9	640	50.94	51.00	51.10	16

图 1-91　量比排名表

利用量比表能发现新主力和当天强势股。如果量比、成交量、涨幅同时进入前几名，容易成为阶段涨幅较大的黑马。一般上涨或跳水，都是从量比发生变化时开始的：当量比放大，低位上涨时，有很好的机会；当量比放大，高位下跌时，有较大的风险。

强市中，成交量大的股票，称为强势股。用成交量寻找强势股，一天过后才能发现，这样就有些晚了，用量比能及时发现强势股，且比成交量更准。弱市中量比放大到 3 ~ 4 倍，有很好的买点。强市由于整体成交量大，量比放大到 2 ~ 3 倍，就算较大了。

量比表是发现强势股的重要窗口，同时也是选择时机的重要窗口。

五、振幅排名表分析

股票振幅就是单位时间内股价的涨跌幅度，即：

$$振幅 = \frac{时间末价格 - 时间初价格}{昨收盘价}$$

举一个比较夸张的振幅例子来说明：比如，今天有一只股票，昨天收盘是 10 元，今天最高上涨到 11 元，涨 10%，最低到过 9 元，下跌 10%，那么振幅是 20%。

利用振幅表能发现异动股，从中发掘潜力股，如图 1 - 92 所示。异动的原因应结合盘面、前期 K 线、消息面、题材面、基本面来分析，如年报业绩、隐含题材等。盘面异动主要是大单买卖所致，很小的成交不会引起大的振幅。

（1）在 K 线高位经常进入该表的个股，当心主力出货。

（2）在 K 线低位经常进入该表的个股，注意主力进货。

（3）正在换庄的个股容易进入该表。

（4）准备发动单边攻势的个股容易进入该表。

代码	名称	涨速%	换手%	今开	昨收	市盈率	最高	最低	总金额	振幅%	流通股本	笔涨跌	量比
1 600559	老白干酒 ×	0.00	14.33	22.49	24.99	289.60	27.49	22.49	2.23亿	20.01	6674.62	0.00	2.57
2 600178	东安动力	-2.52	3.33	11.46	10.43	45.58	11.46	9.51	7389.56万	18.70	21018.69	0.01	1.56
3 600624	复旦复华	-0.23	9.35	13.95	14.04	200.24	14.78	12.64	3.23亿	15.24	25030.28	0.00	1.40
4 600846	同济科技 ×	0.00	9.74	13.08	13.09	92.22	13.71	11.78	2.84亿	14.74	22830.99	0.00	1.10
5 600630	龙头股份	-0.15	17.04	13.60	13.73	288.65	14.76	12.80	7.03亿	14.28	29705.03	0.00	1.49
6 600073	上海梅林 ×	0.00	6.37	13.17	13.25	715.22	13.80	11.93	1.61亿	14.11	19338.00	0.00	1.73
7 600782	新钢股份	-0.20	3.59	16.17	15.86	385.80	16.50	14.27	5237.54万	14.06	9476.16	0.00	1.09
8 600856	长白集团 ×	1.61	3.70	13.40	13.49	745.99	14.19	12.31	9042.76万	13.94	18183.16	-0.03	0.63
9 600665	天地源 ×	1.76	1.21	10.17	9.90	116.48	10.37	9.00	3688.22万	13.84	31314.58	-0.07	1.33
10 600732	上海新梅 ×	1.43	6.77	11.21	11.28	511.85	12.00	10.45	8102.63万	13.74	10533.44	0.00	0.60
11 600283	钱江水利 ×	0.00	5.90	16.05	16.05	209.18	16.65	14.45	1.57亿	13.71	15783.04	0.00	1.22
12 600239	云南城投	-0.79	4.59	23.00	23.45	129.06	24.31	21.11	1.37亿	13.65	12841.25	0.00	1.31
13 600635	大众公用 ×	0.00	5.56	21.05	21.13	100.72	21.89	19.02	10.91亿	13.58	96990.46	0.00	1.13
14 600029	南方航空	-1.33	2.17	15.00	15.40	21.02	15.95	13.86	3.12亿	13.57	100000.00	-0.01	1.08
15 600869	三普药业	-0.64	1.34	17.24	17.22	301.64	17.90	15.50	1867.11万	13.36	8347.62	0.00	0.89
16 600985	雷鸣科化 ×	0.00	8.44	17.33	17.33	66.94	17.90	15.60	7680.71万	13.27	5513.83	0.00	1.75
17 600199	金种子酒 ×	0.00	2.96	9.68	9.58	51.31	9.86	8.62	5008.29万	12.94	18203.60	-0.01	1.60
18 600867	通化东宝 ×	0.36	6.64	15.16	15.18	67.19	15.60	13.66	2.35亿	12.78	24128.08	0.01	2.40
19 600838	上海九百 ×	0.00	1.78	8.84	8.78	746.17	9.01	7.90	4907.77万	12.64	32234.14	0.00	1.03
20 600252	中恒集团 ×	1.53	1.16	16.00	15.94	102.39	16.36	14.35	2835.08万	12.61	16231.04	-0.02	0.86
21 600390	金瑞科技 ×	0.40	1.30	16.41	16.67	44.62	17.10	15.00	1931.17万	12.60	9388.58	-0.09	0.82
22 600250	南纺股份 ×	0.00	2.93	11.05	11.02	99.52	11.30	9.92	5217.63万	12.52	16798.44	0.00	0.57
23 600661	交大南洋 ×	0.00	4.21	12.40	12.78	129.48	13.09	11.50	5277.30万	12.44	10245.08	0.00	1.05
24 600796	钱江生化 ×	0.98	13.90	11.00	11.23	86.22	11.50	10.11	2.53亿	12.38	16852.36	0.00	0.84
25 600288	大恒科技 ×	0.00	1.83	12.51	12.50	98.60	12.79	11.25	4969.07万	12.32	22920.00	0.00	1.03
26 600767	运盛实业 ×	0.00	1.65	7.15	7.15	72.51	7.32	6.44	1953.37万	12.31	17327.73	0.00	0.85
27 600329	中新药业 ×	0.00	9.35	13.73	13.57	82.35	13.88	12.21	1.09亿	12.31	8789.61	0.00	2.98
28 600001	邯郸钢铁 ×	-0.39	1.74	7.42	7.43	20.58	7.90	6.99	3.18亿	12.25	246885.23	0.01	1.89
29 600831	广电网络 ×	3.27	1.24	22.15	21.97	168.58	22.49	19.80	3845.54万	12.24	14575.71	-0.48	1.75
30 600897	厦门空港 ×	0.42	7.02	22.40	22.59	36.88	23.66	20.90	1.50亿	12.22	9531.00	-0.05	1.28
31 600237	铜峰电子 ×	0.00	4.60	7.23	7.22	173.93	7.38	6.50	9274.36万	12.19	29120.86	0.00	1.72
32 600679	金山开发 ×	-1.17		14.75	14.72		15.18	13.40	1500.96万	12.19	10022.67	0.04	0.93
33 600300	维维股份 ×	-0.36	1.93	8.99	9.02	62.89	9.23	8.14	4314.10万	12.08	26100.80	-0.02	0.73

| 分类 ▲ | A股 | 中小 | B股 | 权证 | 基金 | 三板 | 自选 | 地区 ▲ | 行业 ▲ | 概念 ▲ | 自定 ▲ |

图1-92　振幅排名表

六、委比排名表分析

委比是用以衡量一段时间内买卖盘相对强度的指标，其单个数值的研判我们在本书开头已经讲过了，这里不再赘述。委比排名表如图1-93所示。

利用委比排名表能发现主力近期的目的。委比分为正委比和负委比，这是主力实施骗术的常用指标。在窗口中，如果给出好的印象，在随后一段时间比如20分钟、30分钟、24小时后，应给出好的结果；如果给出坏印象，也应给出坏的结果，如果不一致，说明主力骗线的可能性大。

也有例外情况——弱市中，股价不高时，主力为了护盘，不敢投入太多资金，在买盘放入大单；有时为了吸货，不让股价涨高，在卖盘放入大

	代码	名称	量比	均价	委比%	内盘	外盘	内外比	委量差	买量一	卖量一	买价一	卖价一	卖价二	卖量二
1	600854	*ST春兰	☒ 1.47	6.52	100.00	72296	11635	6.21	90403	88151	0	6.54	—	—	0
2	600836	界龙实业	☒ 1.96	18.24	100.00	95992	52413	1.83	2851	2225	0	18.28	—	—	0
3	600141	兴发集团	☒ 0.87	27.01	95.08	23737	14678	1.62	3946	1	70	26.52	26.60	26.65	1
4	600666	西南药业	☒ 1.16	12.65	93.56	10105	6309	1.60	1162	84	8	11.83	11.85	11.86	2
5	600256	广汇股份	☒ 1.23	15.73	92.58	26055	17840	1.46	3171	658	41	15.60	15.61	15.62	27
6	600581	八一钢铁	☒ 1.62	14.62	90.72	24833	28554	0.87	4068	8	112	14.22	14.23	14.25	7
7	600026	中海发展	0.98	26.92	90.03	33864	28074	1.21	993	1	4	26.41	26.43	26.45	11
8	600239	云南城投	1.31	23.26	89.88	31616	27351	1.16	3003	5	1	21.12	21.13	21.14	4
9	600725	云维股份	0.88	34.35	88.92	5285	2105	2.51	1734	156	3	34.80	34.86	34.87	10
10	600591	上海航空	0.48	8.93	87.07	31505	23437	1.34	9174	1695	127	8.63	8.65	8.66	374
11	600501	航天晨光	☒ 0.86	14.93	86.90	14925	10219	1.46	650	72	36	14.34	14.38	14.40	3
12	600123	兰花科创	☒ 0.57	43.80	86.11	10113	8056	1.26	558	534	33	42.39	42.40	42.42	6
13	600756	浪潮软件	1.06	10.24	85.51	16572	13848	1.20	980	80	6	9.80	9.82	9.83	40
14	600097	华立科技	1.05	12.07	85.33	8048	3818	2.11	1850	29	31	11.85	11.86	11.90	61
15	600415	小商品城	☒ 0.49	106.27	85.00	7160	2169	3.30	714	320	43	106.00	106.30	106.40	5
16	600754	锦江股份	☒ 1.43	17.64	84.87	12661	10287	1.23	505	1	10	16.83	16.85	16.88	9
17	600764	中电广通	☒ 1.12	9.05	83.49	12552	7294	1.72	1426	12	40	8.59	8.60	8.61	72
18	600348	国阳新能	☒ 0.41	45.06	82.80	9836	7388	1.33	626	6	24	43.04	43.09	43.10	7
19	600017	日照港	☒ 0.84	12.96	82.54	17887	11625	1.54	1305	1381	8	12.68	12.70	12.71	77
20	600683	银泰股份	1.28	15.65	82.00	26633	18155	1.47	1859	65	73	15.03	15.05	15.08	5
21	600578	京能热电	☒ 1.35	15.04	81.26	17106	14359	1.19	2575	655	168	14.89	14.90	14.91	72
22	600831	广电网络	☒ 1.75	21.27	80.88	11302	6781	1.67	643	421	50	21.30	21.38	21.39	2
23	600266	北京城建	0.88	18.72	79.38	28027	25533	1.10	1055	1075	41	18.50	18.53	18.55	12
24	601006	大秦铁路	☒ 1.40	15.90	78.27	92856	11.3万	0.82	1801	32	48	15.77	15.78	15.80	69
25	600889	南京化纤	☒ 1.04	12.31	77.84	25664	13587	1.89	899	22	62	12.35	12.39	12.40	54
26	600275	武昌鱼	0.94	6.44	77.58	24671	17985	1.37	1038	46	105	6.19	6.20	6.21	19
27	600487	亨通光电	0.85	20.45	77.41	12719	6887	1.85	185	12	6	19.38	19.40	19.44	7
28	600653	申华控股	0.81	6.29	75.61	98343	89859	1.09	6813	1464	44	6.00	6.01	6.02	232
29	600352	浙江龙盛	0.93	14.85	75.38	16607	10981	1.51	845	13	71	14.51	14.55	14.56	8
30	600276	恒瑞医药	☒ 0.77	46.08	74.83	1727	1602	1.08	333	160	34	46.50	46.57	46.57	10
31	600583	海油工程	0.59	46.62	74.81	9188	6845	1.34	481	3	41	45.65	45.70	45.80	4
32	600265	景谷林业	☒ —	12.77	74.31	23027	28614	0.80	243	20	12	12.62	12.63	12.64	7
33	600196	复星医药	☒ 1.31	15.20	74.22	79164	80859	0.98	1088	8	26	14.75	14.78	14.80	35

分类▲ 个股 中小 B股 权证 基金 三板 目港 地区▲ 行业▲ 概念▲ 自定▲ ◀ [   ] ▶

图1－93　委比排名表

单，把股价压住。此情况要结合 K 线位置分析。高位异动，通常坏结果要多一些；低位异动，只要基本面没有变动，好结果要多一些。

　　进入委比排名表的个股，往往属于主力已经重仓，或者主力短线急着出货、吸货或护盘的品种。

七、成交量排名表分析

　　利用成交量排名表能发现近期龙头和主流热点。成交量最大的股票，肯定有大主力介入，如果这种股票是市场热点，成为阶段龙头的可能性较大。如果表中几只股票属同类型，且处于上涨状态则这个类型的股票既是热点，又是龙头；若是处于下跌状态，那么这种股票是这轮行情的领跌股。成交量排名表如图 1－94 所示。

序号	代码	名称	涨幅%	现价	总金额	买入价	卖出价	委量差	现量	涨速%	换手%	今开	委比%	市盈率
1	601318	中国平安	0.94	56.94	30.77亿	56.95	56.97	-335	7	0.40	1.38	58.26	-13.77	26.86
2	000002	万 科A ×	9.56	23.50	30.70亿	23.50	23.51	151	43082	1.29	2.27	22.10	0.60	63.19
3	600030	中信证券	3.30	57.99	26.94亿	57.98	57.99	-4292	20	0.50	1.67	58.49	-79.63	15.52
4	601186	中国铁建	3.17	11.39	21.48亿	11.40	11.41	1270	100	0.26	9.59	11.42	17.69	44.51
5	601857	中国石油	0.44	22.58	20.49亿	22.59	22.60	-120	27	0.48	2.28	23.10	-2.79	27.23
6	601050	中国联通	2.37	9.06	14.73亿	9.06	9.07	-14310	224	0.55	1.68	9.06	-61.36	45.66
7	601390	中国中铁	2.30	8.00	13.58亿	8.01	8.02	3222	31	0.75	3.64	8.00	21.06	61.88
8	600739	辽宁成大	-3.87	38.98	13.42亿	38.88	38.90	-338	7	-0.10	4.12	40.15	-73.80	14.73
9	601898	中煤能源	4.13	20.41	13.42亿	20.45	20.46	-2610	92	0.68	5.57	20.30	-81.31	59.48
10	601166	兴业银行	6.24	34.92	12.57亿	34.95	34.98	-4221	28	0.34	0.92	33.81	-68.87	21.74
11	600635	大众公用	9.99	19.26	10.96亿	19.26	—	21314	105	0.00	6.06	18.15	100.00	101.99
12	600036	招商银行	3.83	29.29	10.83亿	29.31	29.32	-10	40	0.27	0.50	28.99	-2.79	32.40
13	600005	武钢股份	2.54	15.34	10.70亿	15.36	15.38	-7877	30	0.59	2.23	15.31	-66.34	18.05
14	000532	力合股份 ×	9.99	23.46	10.61亿	23.46	—	7698	2718	0.21	16.82	21.94	100.00	126.06
15	601939	中国神华	2.23	49.98	10.33亿	49.95	49.97	-2333	1	0.16	1.64	50.00	-87.94	50.29
16	600028	中国石化	2.61	13.75	9.93亿	13.77	13.79	-7865	229	0.88	0.86	13.77	-82.78	18.37
17	000001	深发展A ×	7.22	27.02	8.72亿	27.02	27.03	1426	2398	0.07	1.87	26.11	45.39	24.81
18	601628	中国人寿	-0.19	32.05	8.72亿	32.12	32.19	-266	4	0.09	1.73	32.86	-72.68	27.51
19	600016	民生银行	2.67	11.91	8.05亿	11.92	11.93	-3104	4	0.25	0.56	11.95	-69.36	12.24
20	000858	五 粮 液	3.09	27.65	7.99亿	27.65	27.66	2070	1983	0.50	2.02	27.30	77.70	71.45
21	600761	安徽合力	7.92	22.20	7.53亿	22.58	22.59	582	10	-1.90	14.89	21.50	28.78	24.67
22	600220	江苏阳光	9.98	13.44	7.38亿	13.44	—	28607	3	0.00	8.80	12.69	100.00	81.88
23	600019	宝钢股份	4.51	13.20	7.36亿	13.21	13.22	991	10	0.45	1.10	13.10	35.05	16.44
24	601006	大秦铁路	4.81	16.56	6.72亿	16.56	16.58	-1555	54	0.17	1.17	15.94	-42.15	34.55
25	000623	吉林敖东 ×	-2.51	40.39	6.33亿	40.39	40.40	808	1564	0.09	3.25	41.64	64.23	10.40
26	601919	中国远洋	-0.14	28.40	6.32亿	28.44	28.48	-147	14	0.70	1.77	28.99	-40.27	143.36
27	002222	N 福 晶	167.01	20.80	6.31亿	20.79	20.80	1614	3245	2.31	76.95	22.00	79.66	63.92
28	600029	南方航空	4.16	13.52	6.26亿	13.55	13.56	1056	217	1.50	4.69	13.47	48.62	20.32
29	601398	工商银行	3.48	5.65	6.09亿	5.65	5.66	-15900	3	0.35	0.90	5.58	-63.24	22.36
30	000878	云南铜业	2.20	37.58	6.07亿	37.58	37.59	356	1560	0.21	3.81	37.41	16.18	31.90
31	600796	钱江生化	10.03	12.07	5.61亿	12.07	—	11934	26	0.00	28.35	11.00	100.00	57.60
32	601866	中海集运	5.16	7.13	5.09亿	7.12	7.13	-840	14	0.84	3.09	6.80	-6.53	34.05
33	000860	中金岭南	1.29	32.09	5.09亿	32.09	32.10	280	621	0.91	3.19	32.30	32.41	18.10

分类 | 分类 | A股 | 中小 | B股 | 权证 | 基金 | 三板 | 目选 | 地区 | 行业 | 概念 | 自定

图1-94　成交量排名表

（1）表中多数股上涨，代表近期大盘有继续上涨的可能，反之有下跌的可能。

（2）表中个股可能是近期的热点或龙头。

（3）首次进入该表的上涨冷门股，有短线机会。

（4）首次进入该表的下跌热门股，有短线风险。

八、换手率排名表分析

换手率也称周转率，指在一定时间内市场中股票转手买卖的频率，是反映股票流通性强弱的指标之一。其计算公式为：

$$换手率 = \frac{某一段时期内的成交量}{发行总股数} \times 100\%$$

例如，某只股票在一个月内成交了2000万股，而该股票的总股本为1亿股，则该股票在这个月的换手率为20%。在我国，股票分为可在二级市场流通的社会公众股和不可在二级市场流通的国家股和法人股两个部分，一般只对可流通部分的股票计算换手率，以更真实和准确地反映出股票的流通性。按这种计算方式，上例中那只股票的流通股本如果为2000万股，则其换手率高达100%。在国外，通常是用某一段时期的成交金额与某一时点上的市值之间的比值来计算换手率。

换手率排名表如图1－95所示。

	代码		代码	名称	涨幅%	现价	总金额	买入价	卖出价	委量差	现量	涨速%	换手%	振幅%	委比%	市盈率	日
1	6013	1	002222	N 福 晶	× 167.01	20.80	6.31亿	20.79	20.80	1614	3245	2.31	76.95	33.50	79.66	63.92	
2	0000	2	002221	东华能源	× 7.14	17.40	3.40亿	17.40	17.41	618	2451	0.40	44.06	9.24	57.01	147.81	
3	6000	3	600796	钱江生化	10.03	12.07	5.61亿	12.07	—	11934	26	0.00	28.35	10.67	100.00	101.03	
4	6011	4	002199	东晶电子	× 6.24	24.50	8155.17万	24.50	24.51	724	466	0.24	27.09	17.22	66.18	73.62	
5	6018	5	000713	丰乐种业	× 9.98	15.65	4.93亿	15.65	—	15221	179	0.00	21.40	9.98	100.00	101.80	
6	6000	6	000909	数源科技	× 10.00	10.67	2.10亿	10.67	—	9327	333	0.00	20.10	14.02	100.00	1023.55	
7	6013	7	600559	老白干酒	5.83	21.42	2.40亿	21.39	21.40	-208	144	1.03	17.54	16.80	-88.89	275.82	
8	6007	8	000532	力合股份	× 9.99	23.46	10.61亿	23.46	—	7698	2718	0.21	16.82	15.75	100.00	126.06	
9	6018	9	002167	东方锆业	× 10.00	42.23	8123.83万	42.23	—	1044	163	0.00	16.38	17.53	100.00	92.45	
10	6011	10	600340	国祥股份	6.90	11.00	1.59亿	11.00	11.01	-928	7	1.01	15.82	12.05	-43.98	—	
11	6006	11	600761	安徽合力	7.92	22.20	7.53亿	22.58	22.59	582	10	-1.90	14.89	9.58	28.78	24.67	
12	6000	12	000862	银星能源	× 10.03	18.32	4.26亿	18.32	—	9936	1043	0.00	13.82	7.75	100.00	227.88	
13	6000	13	600354	敦煌种业	9.98	14.77	2.60亿	14.77	—	7494	2	0.06	13.58	11.69	100.00	—	
14	0005	14	600846	同济科技	10.00	12.10	3.67亿	12.10	—	16602	4	0.00	13.54	8.91	100.00	94.72	
15	6010	15	600624	复旦复华	9.99	13.10	4.30亿	13.10	—	10284	3	0.00	13.41	10.08	100.00	207.04	
16	6000	16	000852	江钻股份	× -1.05	20.80	2.61亿	20.79	20.80	-911	566	-0.28	13.24	13.94	-58.96	69.05	
17	0000	17	002180	万 力 达	× 10.00	33.11	4581.00万	33.11	—	4192	41	0.00	12.85	10.90	100.00	46.92	
18	6016	18	002012	凯恩股份	× -4.58	11.05	1.85亿	11.05	11.06	1340	764	0.91	12.63	16.15	75.45	—	
19	6000	19	600620	天宸股份	9.43	9.86	3.03亿	9.86	9.88	-13293	15	0.00	12.48	10.43	-85.25	159.53	
20	0008	20	600630	龙头股份	10.04	13.48	4.65亿	13.48	—	46357	1	0.00	11.95	8.49	100.00	299.77	
21	6007	21	000578	ST 盐 湖	-4.57	28.00	2.35亿	28.00	28.05	237	1394	0.35	10.81	8.25	50.75	—	
22	6002	22	002218	拓日新能	× -2.06	37.49	1.32亿	37.49	37.50	118	303	0.77	10.80	9.38	28.37	78.63	
23	6000	23	600114	东睦股份	9.96	11.37	1.24亿	11.37	—	1038	2	0.00	10.38	13.25	100.00	114.20	
24	6010	24	600226	升华拜克	6.47	13.50	2.17亿	13.51	13.52	307	32	0.67	10.18	15.77	29.49	46.10	
25	0006	25	000833	贵糖股份	× 9.98	15.10	2.11亿	15.10	—	3273	247	0.00	10.12	8.01	100.00	72.16	
26	6019	26	600836	界龙实业	6.19	19.20	2.11亿	19.22	19.24	-356	12	0.31	10.10	12.33	-84.36	313.24	
27	0022	27	600540	新赛股份	9.91	16.74	1.47亿	16.74	16.75	-8241	52	1.14	9.94	9.85	-70.77	154.04	
28	6000	28	600898	三联商社	1.60	13.99	2.12亿	13.98	13.99	-1612	113	0.64	9.90	8.93	-85.56	—	
29	6013	29	601186	中国铁建	3.17	11.39	21.48亿	11.40	11.41	1278	100	0.26	9.59	4.62	17.69	44.51	
30	0008	30	000975	科 学 城	9.97	9.49	2.86亿	9.49	—	4520	2455	0.00	9.33	15.53	100.00	376.51	
31	6007	31	000566	海南海药	× 9.99	11.45	1.39亿	11.45	—	2621	16	0.00	8.88	7.11	100.00	90.28	
32	6018	32	000905	厦门港务	× 9.99	16.08	3.02亿	16.08	—	22595	15	0.00	9.31	7.05	100.00	55.99	
33	0000	33	002035	华帝股份	× 10.04	11.18	9657.76万	11.18	—	3708	14	0.00	9.27	8.37	100.00	129.60	

分类▲ A 分类▲ A股 中小 B股 权证 基金 三板 自选 地区▲ 行业▲ 概念▲ 自定▲

图1－95 换手率排名表

换手率的高低往往意味着这样几种情况：

（1）股票的换手率高，意味着该只股票的交投活跃，人们购买该只股

票的意愿高，属于热门股；反之，股票的换手率低，则表明该只股票少人关注，属于冷门股。

（2）换手率高一般意味着股票流通性好，进出市场比较容易，不会出现想买买不到、想卖卖不出的现象，具有较强的变现能力。然而值得注意的是，换手率较高的股票，往往也是短线资金追逐的对象，投机性较强，股价起伏较大，风险也相对较大。

（3）将换手率与股价走势相结合，可以对未来的股价做出一定的预测和判断。某只股票的换手率突然上升，成交量放大，可能意味着有投资者在大量买进，股价可能会随之上扬。如果某只股票持续上涨了一个时期后，换手率又迅速上升，则可能意味着一些获利者要套现，股价可能会下跌。

我们在挖掘领涨板块时首先要做的就是挖掘热门板块，判断是否属于热门股的有效指标之一便是换手率。换手率高，意味着近期有大量的资金进入该股，流通性良好，股性趋于活跃。因此，投资者在选股的时候可将近期每天换手率连续成倍放大的个股放进自选，再根据一些基本面以及其他技术面结合起来精选出其中的最佳品种。

首先，要观察其换手率能否维持较长时间。因为较长时间的高换手率说明资金进出量大，持续性强，增量资金充足，这样的个股才具可操作性。若仅仅是一两天换手率突然放大，其后便恢复平静，这样的个股操作难度相当大，并容易出现骗线。高换手率伴随天量，并不意味天价见天量，实为做量吸引眼球，为利空出货吸引买盘，之后便是一浪一浪的下跌。

其次，要注意产生高换手率的位置。高换手率既可能是资金流入，亦可能为资金流出。一般来说，股价在高位出现高换手率则要引起持股者的重视，很大可能是主力出货（当然也可能是主力拉高建仓，此种情况以后论述）；而在股价底部出现高换手率则说明资金大规模建仓的可能性较大，特别是在基本面转好或者有利好预期的情况下。

投资者操作时可关注近期一直保持较高换手率，而股价却涨幅有限（均线如能多头排列则更佳）的个股。根据量比价先行的规律，成交量先行放大，股价通常很快跟上量的步伐，即短期换手率高，表面短期上行能量充足。形态上选择圆弧底、双底或者多重底，这类形态横盘打底时间比较长，主力有足够的建仓时间，如配合有各项技术指标支撑则更应该引起我们的密切关注。

九、委买表、委卖表分析

投资者在看行情的时候，通常会关注到右边有一串的买卖价位，上面是委卖价位和手数，下面是委买价位和手数，这就是委买委卖表。它是实时的买卖情况的反映，投资者一般都是根据这个来设定买卖股票的价位。除此之外，根据委买委卖表，我们在一定程度上可以看出当时投资者买卖股票的意愿。如果委卖手数大，说明上面抛压沉重；如果委买手数大，说明做多意愿明显。当然有时候这些委买、委卖的单只是某些庄家故意拉出来混淆视线的，但只要我们足够细心是可以及时发现的。而且我们可以从这些突然出没的大单看出主力的动向和真实意图。如果大卖单在接近成交时突然消失，说明庄家在刻意制造卖压，吓退散户，其做多意愿反而暴露无遗；如果大买单在接近成交时突然消失，这说明庄家在放烟幕弹，掩护其出货的本来面目，投资者见到此情形当谨慎操作。

下面我们分别就上压单、下托单和夹单来具体分析其市场意义。

1．上压单

我们在看盘的时候，经常会发现有的股票原本涨得好好的，但在某个价位上突然停止了，一到这个价位就掉头向下，形成长时间的弱势震荡，无法形成有效突破。这是为什么呢？很简单，只因为上面有上压单。这一般是庄家在对股价进行有效控制，无论谁试图突破，都会受到庄家无情的打压。既然有庄家刻意为之，散户投资者不妨暂时观望，等股价有效突破再介入不迟。

图 1-96 是晋亿实业在 2008 年 3 月某日的盘中实况。当日下午大盘强

势反弹，很多股票大幅上涨，但为什么这只股票止步不前呢？看一下右边的委卖单就明白是怎么回事了。上面的卖③有1000多手，可谓巨大，很明显有庄家在刻意控制股价，要突破谈何容易。从实盘交易明细也可以看出大卖单频出，抛压沉重，投资者还是暂时保持观望为好。

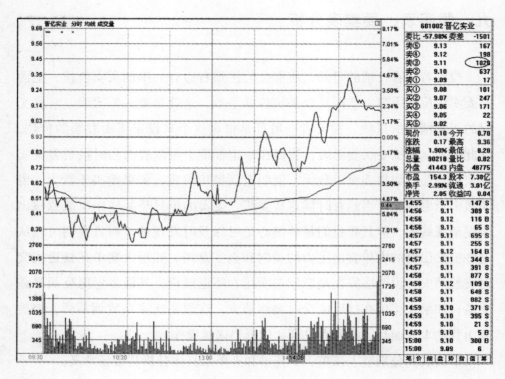

图1-96 晋亿实业 601002

图1-97是力合股份在2008年3月某日的盘中实况。该股前期逆市上涨，后来受大盘拖累连续下跌，当日是承接前日的反弹走势，但从K线图我们可以看出股价已经接近多条平均线，受到平均线的压制，抛压明显增强。从右边的委卖单我们也可以看出卖压沉重，卖①就有10000多手，要再上涨难度不小，靠散户的力量是不太可能了。既然如此，投资者当继续持币观望。

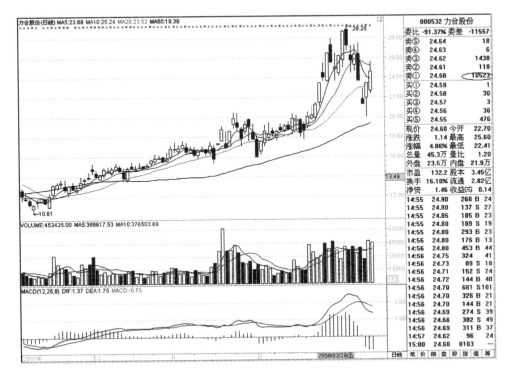

图1-97 力合股份 000532

2. 下托单

下托单的意义和上压单的意义正好相反，上压单的作用在于抑制股价上涨，下托单的作用则是阻止股价下跌。下托单可以坚定持股者的信心。当然，如果万一被击穿了，后市走势就可能一发不可收拾。

如图1-98所示，广深铁路在当日触底反弹后涨势凶猛，但在尾盘做多力量有所衰竭，股价小幅回落，但在6.63元止跌。为什么在这个价位股价不再往下掉了呢？因为在这个价位有3200多手的买单在支撑，顶住了抛盘的下压，这就是所谓的下托单。既然有这么大的单做支撑，股价暂时是很难下跌了。反过来，只要空方无法击穿这个支撑，后市股价就有很大机会上涨。当然，万一击穿了，投资者唯一能做的就是逃跑，因为空方的力量实在太强大了。

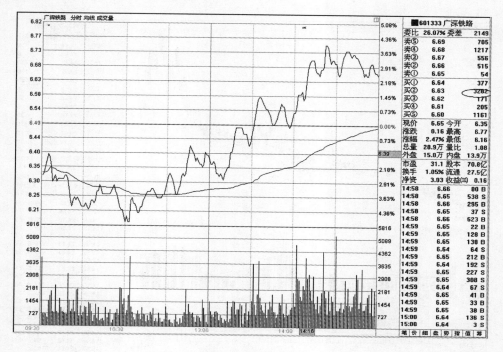

图1-98　广深铁路　601333

3. 夹单

有时候，股价会在一个箱体内震荡，这是庄家在委买、委卖分别放上一笔大单，这种上下都有大单的情况叫夹单。这说明庄家既不想让股价上涨也不想让股价下跌。

这种夹单现象通常出现在庄家洗盘阶段或者建仓阶段。庄家通过上下两个大单来控制股价的波动，使股价在一个很小的区间波动。震荡时间久了，很多散户可能会坚持不住，清仓出局，这正是庄家的操作目的。

如图1-99所示，中海集运在当日下跌后强势反弹，但在尾盘有所回落，最后在一个区间震荡。为什么会这样呢？看一下委卖、委买就明白了，上下分别有一个1000多手的大单在那里放着，所以股价只能在这个区间波动。这说明庄家高度控制了该盘。在大单没有撤销的情况下，股价不会有向上或向下的突破。投资者在这种情况下只有耐心等待。

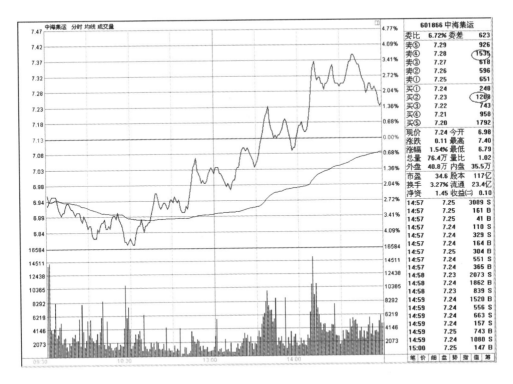

图 1 - 99 中海集运 601866

十、成交明细表分析

成交明细表很少有投资者关注，这不能不说是遗憾。看 K 线、看分时线是必需的，但要说能最真实地反映出股价变化的还是成交明细表，它完全不能作假，不像 K 线和分时线经常被有经验的庄家用来骗线，引诱散户上当。因此，要真实判断盘面的情况，还需要看成交明细表。通过对成交明细表的研判，我们可以知道当时的买卖具体情况，股价是涨是跌，有没有主力介入，主力是出货还是建仓。有了这些研判，我们买卖股票就心中有数了。

图 1 - 100 是银星能源在 2008 年 3 月 20 日的某段成交明细。在这 30 分钟内，前 15 分钟买进的多，后 15 分钟卖出的多，从这张表上能看出什么？

粗看就是密密麻麻的数字，其实仔细一看，可以发现有主力大单买入，如图中椭圆所示，这说明主力在做多。有主力介入的股票，我们当密切关注，择机介入。当日该股以涨停报收。

000862 银星能源 分时成交明细　　Up/PageUp:上翻 Down/PageDown:下翻

时间	价格	现量		时间	价格	现量		时间	价格	现量		时间	价格	现量		时间	价格	现量	
14:15	20.04	116 S	7	14:19	20.10	55 B	9	14:22	20.14	99 S	19	14:26	20.15	28 S	5	14:30	20.15	10 S	1
14:15	20.03	8 B	1	14:19	20.10	44 B	11	14:22	20.15	212 B	13	14:26	20.15	7 S	4	14:30	20.15	7 S	1
14:15	20.05	16 B	6	14:19	20.10	49 B	18	14:23	20.15	19 B	5	14:26	20.15	5 S	1	14:30	20.15	40 S	3
14:16	20.06	6 B	2	14:19	20.13	133 B	25	14:23	20.15	100 B	21	14:26	20.15	53 S	4	14:30	20.15	26 S	3
14:16	20.03	10 S	2	14:19	20.13	299 B	61	14:23	20.15	214 B	26	14:26	20.15	14 S	1	14:31	20.15	29 S	2
14:16	20.07	210 B	16	14:20	20.07	40 S	6	14:23	20.15	55 B	8	14:26	20.15	105 S	13	14:31	20.15	10 S	1
14:16	20.05	56 B	11	14:20	20.07	31 B	4	14:23	20.14	293 S	48	14:27	20.15	32 S	5	14:31	20.15	1 S	2
14:16	20.05	5 B	2	14:20	20.07	4 B	2	14:23	20.15	56 B	19	14:27	20.15	1 S	1	14:31	20.15	7 S	2
14:16	20.03	9 S	3	14:20	20.13	34 B	6	14:23	20.15	52 B	12	14:27	20.15	75 S	5	14:31	20.15	10 S	1
14:16	20.05	25 B	5	14:20	20.13	55 B	9	14:23	20.15	16 B	5	14:27	20.15	19 S	3	14:31	20.15	9 S	3
14:16	20.06	31 B	6	14:20	20.13	5 B	1	14:23	20.15	66 B	15	14:27	20.15	38 S	2	14:31	20.15	2 S	1
14:16	20.06	17 B	5	14:20	20.12	3 B	1	14:23	20.15	1407 B	120	14:27	20.15	122 S	10	14:31	20.15	100 S	1
14:17	20.06	3 B	1	14:20	20.13	138 B	15	14:23	20.15	27 B	10	14:27	20.15	3 S	1	14:31	20.15	26 S	3
14:17	20.01	8 S	3	14:20	20.13	13 B	4	14:24	20.15	39 B	6	14:27	20.15	6 S	2	14:32	20.15	40 S	2
14:17	20.06	40 B	4	14:20	20.14	447 B	43	14:24	20.15	348 B	59	14:27	20.15	1 S	1	14:32	20.15	58 S	6
14:17	20.06	37 B	10	14:20	20.15	66 B	22	14:24	20.15	80 B	25	14:28	20.15	13 S	2	14:32	20.15	15 S	2
14:17	20.05	39 S	6	14:20	20.14	3	2	14:24	20.15	162 B	15	14:28	20.15	50 S	7	14:32	20.15	6 S	2
14:17	20.05	1 S	1	14:20	20.15	6 B	2	14:24	20.15	368 B	47	14:28	20.15	1 S	1	14:32	20.15	11 S	3
14:17	20.06	14 B	4	14:21	20.15	105 B	12	14:24	20.15	2 S	1	14:28	20.15	6 S	3	14:32	20.15	10 S	1
14:17	20.06	103 B	10	14:21	20.14	125 S	14	14:24	20.15	18 S	5	14:28	20.15	40 S	8	14:33	20.15	1 S	1
14:17	20.06	3 S	3	14:21	20.15	354 B	62	14:24	20.15	35 S	9	14:28	20.15	6 S	3	14:33	20.15	5 S	1
14:18	20.06	92 S	7	14:21	20.14	143 S	20	14:24	20.15	38 S	6	14:28	20.15	8 S	4	14:33	20.15	8 S	2
14:18	20.06	13 S	3	14:21	20.15	234 B	33	14:25	20.15	2 S	1	14:28	20.15	55 S	1	14:33	20.15	11 S	2
14:18	20.06	192 S	5	14:21	20.14	20 S	5	14:25	20.15	30 S	9	14:28	20.15	100 S	2	14:33	20.15	41 S	2
14:18	20.07	27 B	5	14:21	20.15	88 B	10	14:25	20.15	108 S	9	14:28	20.15	30 S	5	14:33	20.15	4 S	1
14:18	20.08	31 B	7	14:21	20.14	117 B	17	14:25	20.15	50 S	1	14:29	20.15	31 S	10	14:33	20.15	110 S	1
14:18	20.06	12 B	3	14:21	20.14	117 S	21	14:25	20.15	178 S	19	14:29	20.15	14 S	4	14:33	20.15	8 S	2
14:18	20.06	46 B	8	14:21	20.15	29 B	9	14:25	20.15	4 S	2	14:29	20.15	1 S	2	14:33	20.15	4 S	1
14:18	20.10	391 B	29	14:22	20.15	37 B	12	14:25	20.15	30 S	6	14:29	20.15	12 S	2	14:33	20.15	17 S	2
14:18	20.07	1 S	1	14:22	20.15	649 B	87	14:25	20.15	33 S	4	14:29	20.15	16 S	4	14:33	20.15	20 S	3
14:18	20.06	68 S	2	14:22	20.15	30 B	7	14:25	20.15	31 S	10	14:29	20.15	22 S	4	14:33	20.15	10 S	1
14:18	20.06	6 B	2	14:22	20.15	37 B	7	14:25	20.15	18 S	4	14:29	20.15	33 S	4	14:34	20.15	124 S	5
14:19	20.10	153 B	12	14:22	20.15	66 B	12	14:25	20.15	35 S	2	14:29	20.15	27 S	6	14:34	20.15	15 S	2
14:19	20.05	17 S	5	14:22	20.15	69 B	15	14:26	20.15	7 S	3	14:30	20.15	7 S	2	14:34	20.15	13 S	3
14:19	20.08	155 S	16	14:22	20.15	51 B	10	14:26	20.15	18 S	3	14:30	20.15	18 S	4	14:34	20.15	10 S	1
14:19	20.08	59 S	10	14:22	20.15	94 B	18	14:26	20.15	2 S	2	14:30	20.15	3 S	2	14:34	20.15	9 S	1
14:19	20.10	112 B	18	14:22	20.15	124 B	25												
14:19	20.10	25 B	7	14:22	20.15	108 B	12												

图 1-100　银星能源　000862

图 1-101 是潞安环能在 2008 年 3 月 20 日的某段成交明细表。从图中我们也可以看到买卖互现，好像没什么参考意义，但细心的投资者还是可以发现这半个小时中出现了数次大单卖出。这说明主力在出货，其后市就需要十分小心，最好及时止损出局。主力都出去了，散户很难有所作为。

图 1-102 中国太保的情况与上面的潞安环能基本类似，这只股票的主力出货更为明显，大卖单频频出现，说明当时主力在疯狂出货，对于这样的股票，投资者当然应回避，以免无辜受伤。

601699 潞安环能 分时成交明细　　Up/PageUp:上翻 Down/PageDown:下翻

时间	价格	现量	时间	价格	现量	时间	价格	现量	时间	价格	现量	时间	价格	现量
10:34	51.66	6 B	10:38	51.66	21 B	10:44	51.66	2001 S	10:50	51.66	4 B	10:58	51.66	1 B
10:34	51.66	13 B	10:38	51.66	8 B	10:44	51.70	19 B	10:50	51.66	31 S	10:58	51.66	6 B
10:34	51.66	12 B	10:38	51.66	18 B	10:44	51.66	149 S	10:50	51.66	2 B	10:58	51.66	2 B
10:34	51.66	3 B	10:38	51.66	13 B	10:44	51.70	11 B	10:50	51.66	2 B	10:59	51.66	11 B
10:34	51.66	6 B	10:39	51.66	6 B	10:44	51.70	3 B	10:51	51.66	3 B	10:59	51.66	1 B
10:34	51.66	5 B	10:39	51.66	23 B	10:44	51.70	10 B	10:51	51.66	3 B	10:59	51.66	5 B
10:35	51.66	3 B	10:39	51.66	30 B	10:45	51.70	11 B	10:51	51.66	1 B	10:59	51.66	2 B
10:35	51.66	1 B	10:39	51.66	3 B	10:45	51.70	6 B	10:51	51.66	6 B	10:59	51.66	12 B
10:35	51.66	11 B	10:39	51.66	19 B	10:45	51.70	14 B	10:51	51.66	5 B	10:59	51.66	11 B
10:35	51.66	6 B	10:39	51.66	20 B	10:45	51.70	1 S	10:51	51.66	11 B	10:59	51.66	8 B
10:35	51.66	5 B	10:39	51.66	2 B	10:45	51.70	37 S	10:51	51.66	3 B	10:59	51.66	1 B
10:35	51.66	29 B	10:39	51.66	2 B	10:46	51.70	1 B	10:52	51.66	24 B	11:00	51.66	8 B
10:35	51.66	1 B	10:39	51.66	1 B	10:46	51.70	3 B	10:52	51.66	1 B	11:00	51.66	20 B
10:35	51.66	26 B	10:39	51.66	1 B	10:46	51.70	3 B	10:52	51.66	1 B	11:00	51.66	1 B
10:35	51.66	1 B	10:39	51.66	5 B	10:46	51.70	2 B	10:52	51.66	3 B	11:00	51.66	7 B
10:35	51.66	3 B	10:40	51.66	2 B	10:46	51.66	250 S	10:52	51.66	4 B	11:00	51.66	1 B
10:36	51.66	12 B	10:40	51.66	20 B	10:46	51.69	1 B	10:52	51.66	5 B	11:00	51.66	3 B
10:36	51.66	2 B	10:40	51.66	6 B	10:47	51.70	2 B	10:52	51.66	10 B	11:01	51.66	1 B
10:36	51.66	43 B	10:40	51.66	1 B	10:47	51.69	1 S	10:53	51.66	3 B	11:01	51.66	3 B
10:36	51.66	47 B	10:40	51.66	1 B	10:47	51.70	10 B	10:53	51.66	25 B	11:01	51.66	10 B
10:36	51.66	10 B	10:40	51.66	3 B	10:47	51.69	1 S	10:54	51.66	1 B	11:01	51.66	13 B
10:36	51.66	5 B	10:41	51.66	10 B	10:47	51.70	5 B	10:54	51.66	85 B	11:01	51.66	1 B
10:36	51.66	10 B	10:41	51.66	4 B	10:47	51.69	4 S	10:54	51.70	10 B	11:01	51.66	10 B
10:36	51.66	44 B	10:41	51.66	1 B	10:48	51.70	29 B	10:55	51.66	1 S	11:01	51.66	2 B
10:37	51.66	11 B	10:41	51.66	5 B	10:48	51.69	8 S	10:55	51.70	1 B	11:01	51.66	18 B
10:37	51.66	54 B	10:41	51.66	3 B	10:48	51.70	4 B	10:56	51.70	4 B	11:01	51.66	12 B
10:37	51.66	7 B	10:41	51.66	2 B	10:48	51.69	41 S	10:56	51.66	2916 S	11:01	51.66	10 B
10:37	51.66	4 B	10:42	51.66	1 B	10:48	51.66	59 S	10:56	51.66	2 B	11:02	51.66	11 B
10:37	51.66	15 B	10:42	51.66	19 B	10:48	51.66	14 B	10:56	51.66	3 B	11:02	51.66	2 S
10:37	51.66	2 B	10:42	51.66	10 B	10:48	51.66	6 B	10:56	51.66	3 B	11:02	51.70	1 B
10:37	51.66	11 B	10:42	51.66	9 B	10:48	51.66	7 B	10:56	51.66	5 B	11:03	51.66	8 S
10:37	51.66	61 B	10:42	51.66	5 B	10:48	51.66	4 B	10:56	51.66	2 B	11:03	51.70	1 B
10:37	51.66	11 B	10:42	51.66	7 S	10:48	51.70	30 B	10:57	51.66	1 B	11:03	51.70	1 B
10:37	51.66	1 B	10:43	51.70	1 B	10:49	51.66	68 S	10:57	51.66	1 B	11:03	51.70	20 B
10:38	51.66	3 B	10:43	51.70	49 B	10:49	51.66	4 S	10:57	51.66	8 B	11:03	51.70	7 B
10:38	51.66	26 B	10:43	51.66	1 S	10:49	51.66	31 B	10:57	51.66	4 B	11:04	51.70	1 B
10:38	51.66	1 B	10:43	51.66	1014 S	10:49	51.66	4 B	10:58	51.66	7 B	11:04	51.70	6 B
10:38	51.66	11 B	10:43	51.70	2 B	10:50	51.66	2 B	10:58	51.66	5 B	11:04	51.70	8 B
10:38	51.66	9 B	10:43	51.70	3 B	10:50	51.66	11 B	10:58	51.66	2 B	11:04	51.70	1 B

图 1－101　潞安环能　601699

601601 中国太保 分时成交明细　　Up/PageUp:上翻 Down/PageDown:下翻

时间	价格	现量	时间	价格	现量	时间	价格	现量	时间	价格	现量	时间	价格	现量
10:04	31.88	52 S	10:08	31.89	37	10:11	31.90	49 S	10:15	31.86	39 B	10:19	31.60	17 B
10:04	31.88	4 S	10:08	31.88	96 S	10:11	31.90	27 S	10:15	31.85	10 S	10:19	31.59	31 S
10:04	31.88	87 B	10:08	31.88	10 B	10:11	31.90	34 S	10:15	31.83	67 S	10:19	31.59	101 S
10:05	31.88	91 B	10:08	31.88	96 B	10:12	31.91	13 B	10:15	31.85	31 B	10:19	31.58	276 S
10:05	31.88	18 B	10:08	31.88	503 B	10:12	31.91	53 B	10:16	31.84	44	10:19	31.60	328 B
10:05	31.88	15 B	10:08	31.88	36 B	10:12	31.91	89 B	10:16	31.80	620 S	10:19	31.58	74 S
10:05	31.88	131 B	10:08	31.88	40 B	10:12	31.90	66 S	10:16	31.84	98 B	10:19	31.58	880 S
10:05	31.88	14 B	10:08	31.88	2 B	10:12	31.91	32 B	10:16	31.83	6 B	10:19	31.55	53 S
10:05	31.85	48 S	10:09	31.88	76 B	10:12	31.91	10 B	10:16	31.80	141 S	10:20	31.55	70 B
10:05	31.88	353 B	10:09	31.89	40 B	10:12	31.91	5 S	10:16	31.83	177 B	10:20	31.55	17 B
10:05	31.88	8 B	10:09	31.89	42 B	10:12	31.95	366 B	10:16	31.84	13 B	10:20	31.51	414 S
10:05	31.88	46 S	10:09	31.88	6 S	10:12	31.95	7 S	10:16	31.70	574 S	10:20	31.51	88 S
10:05	31.88	24 B	10:09	31.88	82 S	10:13	31.96	5 B	10:16	31.70	160 B	10:20	31.51	56 S
10:06	31.85	1026 S	10:09	31.90	7 B	10:13	31.96	55 B	10:17	31.70	42 B	10:20	31.50	347 S
10:06	31.88	38 B	10:09	31.88	50 S	10:13	31.95	336 S	10:17	31.70	6 B	10:20	31.51	122 S
10:06	31.86	97 S	10:09	31.90	5 B	10:13	31.95	9 B	10:17	31.69	46 S	10:20	31.52	175 S
10:06	31.88	20 B	10:09	31.90	143 B	10:13	31.95	46 B	10:17	31.69	9 S	10:20	31.50	1100 S
10:06	31.88	5 B	10:09	31.90	92 B	10:13	31.95	80 B	10:17	31.69	76 B	10:21	31.51	472 B
10:06	31.88	63 B	10:09	31.90	85 B	10:13	31.95	22 B	10:17	31.70	31 B	10:21	31.50	72 B
10:06	31.86	98 S	10:09	31.88	240 S	10:13	31.95	31 B	10:17	31.70	68 B	10:21	31.52	9 S
10:06	31.89	46 B	10:10	31.90	32 S	10:13	31.92	11 S	10:17	31.69	76 S	10:21	31.51	212 S
10:06	31.86	840 S	10:10	31.89	60 S	10:14	31.90	51 S	10:17	31.69	71 S	10:21	31.51	132 B
10:06	31.89	4 B	10:10	31.90	80 B	10:14	31.91	47	10:17	31.70	66 B	10:21	31.51	27 B
10:06	31.88	2 S	10:10	31.90	554 B	10:14	31.90	108 S	10:17	31.70	21 S	10:21	31.55	392 B
10:07	31.88	6 S	10:10	31.90	12 B	10:14	31.91	8 B	10:18	31.69	29 S	10:21	31.51	53 B
10:07	31.89	133 B	10:10	31.90	40 B	10:14	31.90	68 S	10:18	31.70	32 B	10:21	31.50	33 S
10:07	31.90	52 B	10:10	31.90	39 B	10:14	31.91	44 B	10:18	31.68	312 S	10:21	31.54	81 B
10:07	31.89	567 S	10:10	31.90	37 S	10:14	31.90	59 S	10:18	31.61	223 S	10:22	31.54	84 B
10:07	31.85	247 S	10:10	31.90	94 B	10:14	31.90	228 B	10:18	31.68	30 B	10:22	31.51	149 S
10:07	31.88	11 B	10:10	31.90	6 B	10:14	31.90	16 B	10:18	31.68	4 B	10:22	31.54	343 B
10:07	31.88	93 B	10:10	31.91	38 B	10:14	31.90	8 B	10:18	31.68	100 B	10:22	31.51	95 S
10:07	31.90	19 B	10:11	31.90	34 S	10:14	31.88	36	10:18	31.67	19 S	10:22	31.51	101 S
10:07	31.90	16 B	10:11	31.90	20 S	10:15	31.88	47 B	10:18	31.61	68 S	10:22	31.54	29 B
10:07	31.90	1 B	10:11	31.91	101 B	10:15	31.85	60 S	10:18	31.66	160 B	10:22	31.54	30 B
10:07	31.90	56 B	10:11	31.90	125 S	10:15	31.85	600 S	10:18	31.60	330 S	10:22	31.55	17 S
10:07	31.81	200 S	10:11	31.90	5 B	10:15	31.86	38 B	10:19	31.60	36 S	10:22	31.51	153 S
10:08	31.89	9	10:11	31.90	117 B	10:15	31.90	154 B	10:19	31.60	112 B	10:22	31.56	45 B
10:08	31.89	38 B	10:11	31.92	44 B	10:15	31.85	6 S	10:19	31.60	44 B	10:23	31.52	650 S
10:08	31.90	118 B	10:11	31.92	105 B	10:15	31.85	40 S	10:19	31.60	47 B	10:23	31.50	345 S

图 1－102　中国太保　601601

炒股经

要想短线做得好，早晨看报不可少。政策定是股市命，利空利多早知道。

当天操作前晚定，人性弱点能回避。恐惧贪婪放两边，冷静客观放中间。

一般上午不买进，下午两点好时机。大盘跳水风险避，指数平稳跟着进。

买进低点下午显，卖出高点上午见。进货耐心是关键，出货脱手需分段。

超级短线中午忙，备选热门不可散。选股要选量能足，涨幅五下回档补。

连阳背离不可进，六十分时辨真伪。尾市卖盘出巨量，及时买进不可闲。

短线成功讲概率，一次需进二三只。隔天二涨一跌赚，不亦乐乎庄家当。

次日开盘量命脉，无量上涨要先派。高开回低不能破，平开无量不太妙。

低开反弹要出货，失之交臂悔莫及。顺风之时熊哥近，忘乎所以亏吃尽。

买入三天还不涨，说明判断已偏差。收盘之前要平仓，一切上涨莫幻想。

如是平台向下破，宁可被骗不要握。止损一般等收盘，十次最多二回错。

短线研判应多元，买卖结论取交点。股票线图有言语，技术盲点莫忽略。

（引自黑马博客）

第二章

趋势线分析与运用

　　华尔街有句名言：不要与趋势抗衡。趋势就是股市涨跌的运行规律。趋势线是一种研究可能出现的股价趋向的有效分析方法。

　　趋势线是用画线的方法将低点或高点相连，利用已经发生的事例，推测未来大致走向的一种图形分析方法。

第一节　趋势线基本概念与分类
第二节　趋势线的研判要点与实战
炒股经

第一节　趋势线基本概念与分类

一、趋势线的含义

华尔街有句名言：不要与趋势抗衡。趋势就是股市涨跌的运行规律。趋势线是一种研究可能出现的股价趋向的有效分析方法。

趋势线是用画线的方法将低点或高点相连，利用已经发生的事例，推测未来大致走向的一种图形分析方法。

二、趋势线分类

1. 上升趋势线与下降趋势线

我们发现在各种股价图形中，若处于上升趋势，股价波动必是向上发展，即使是出现回档也不影响其总体的涨势，如果把上升趋势中间回档低点分别用直线相连，这些低点大多在这条线上，我们把连接各波动低点的直线称为上升趋势线。如图 2 - 1 所示，L1、L3 即是上升趋势线。

相反，若处于下降趋势，股价波动必定向下发展，即使出现反弹也不影响其总体的跌势，把各个反弹的高点相连，我们会发现它们也在一条直线上，我们把这条线称为下降趋势线。如图 2 - 1 中 L2 所示。

正确地画出趋势线，人们就可以大致了解股价的未来发展方向。趋势线表明，当价格向其固定方向移动时，它非常有可能沿着这条线继续移动。据此我们可以决定买卖和持股的时机。

但是实际上我们在实战中很难画出明晰简单的趋势线，因为股价的运

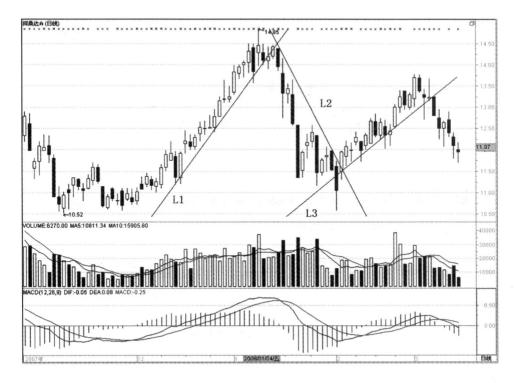

图 2-1 深桑达 A 000032

行轨迹并不是我们想象的那么规范，随意性很强。因此在画趋势线的时候以穿过尽量多的 K 线影线那条为标准，在选择关键点的时候通常以大中阳线、大中阴线的开盘价为基准。如能找到 2 根以上的大阴线的开盘价即可画出下降趋势线。另外，趋势随时在改变，当股价趋势发生改变的时候，我们要重新调整趋势线，把握新的运行趋势。

2. 支撑线和阻力线

趋势线在性质上又可分为支撑线及阻力线。

支撑线是图形上每一波浪谷底最低点间的直切线。也就是说价格在此线附近时，投资者具有相当强的买进意愿。如图 2-2 所示。

阻力线则是图形上每一波浪顶部最高点间的直切线。也就是说价格在此线附近时，投资者具有相当强的卖出意愿。如图 2-3 所示。

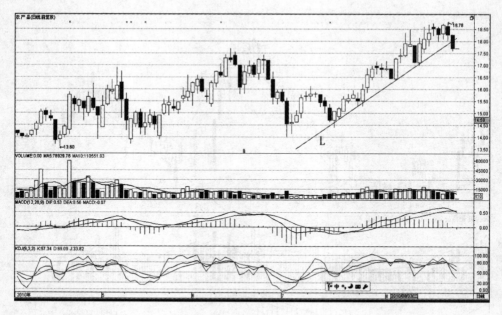

图2-2　农产品　000061

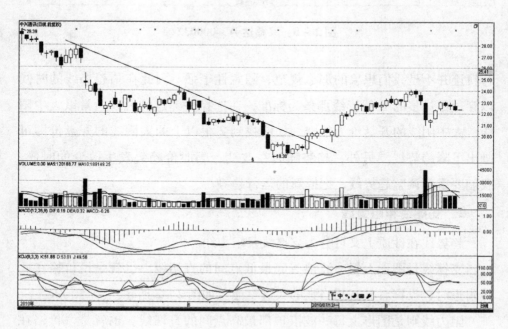

图2-3　中兴通讯　000063

如果趋势线向上爬升，则称为"牛市"；反之，则称为"熊市"。牛市与熊市是欧美惯用的术语，在国内，我们通常称之为"多头市场"与"空头市场"。

3．上升轨道和下降轨道

两条平行的阻力线与支撑线之间所形成的通道，称为"趋势轨道"，也可分为"上升轨道"（上升趋势）与"下降轨道"（下降趋势），如图2－4和图2－5所示。几乎所有的图形分析与注释，均离不开上述这些趋势线的概念与原则。处于上升轨道中的股票投资者可以坚定持有，处于下降轨道中的股票投资者应该离场观望。

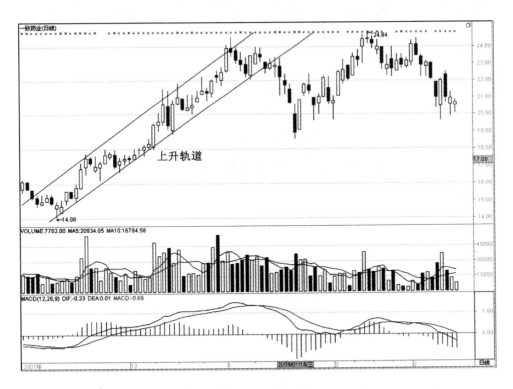

图2－4　一致药业（国药一致）　　000028

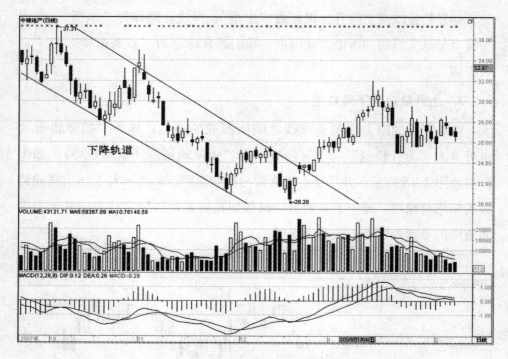

图 2-5　中粮地产　　000031

4．短期趋势线、中期趋势线和长期趋势线

依据波动的时间长短，趋势线可以分为以下三种：短期趋势线（连接各短期波动点）、中期趋势线（连接各中期波动点）、长期趋势线（连接各长期波动点）。如图 2-6 所示。

5．平行趋势

除了上升趋势和下降趋势外，还有一种比较特殊的趋势，那就是平行趋势。即股价处于盘整中，上升到一定的高点回落，回落到一定的低点反转上行，各个波浪的高点相差不大，低点也在水平位置上。这种横向发展的走势就是我们所说的平行趋势，也叫箱体，或者牛皮市。平行走势通常不适合参与，空间大的话可以做波段，否则只能等待股价突破平行趋势再做选择。如图 2-7 所示。

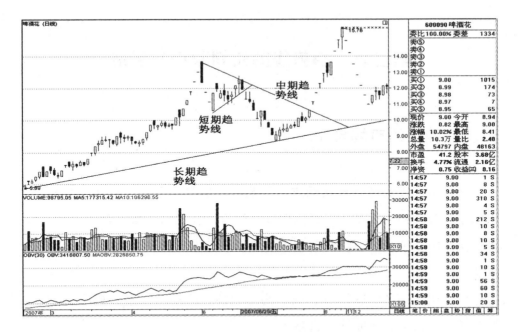

图2－6 啤酒花 600090

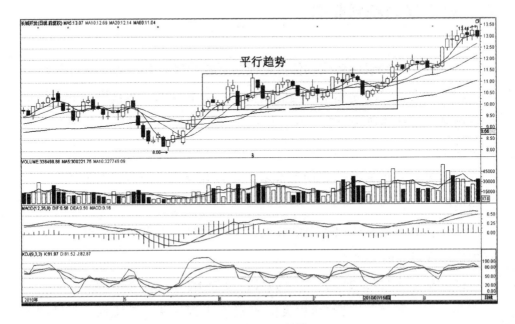

图2－7 长城开发（深科技） 000021

第二节　趋势线的研判要点与实战

一、趋势线的市场含义

我们可用投资者心理活动进行分析：在股价上升时，市场一片看好，大家都在等回档时买进，心理价位逐步提高，在回落到前一低点之前，强烈的买气阻止了股价下跌而回升，使股价波动低点逐步提高，这种心理造成了上升趋势；当股价下跌时，人们普遍看淡，投资者均等待反弹时出货，心理价位逐步下移，在回升到前一高点之前，已经有大量筹码等待卖出，使股价逐波回落，形成下降趋势。

二、趋势线的研判要点

（1）上升趋势线由各波动低点连成，下降趋势线由各波动高点连成。

（2）上升趋势线是股价回档的支撑点，当上升趋势线被跌破时，形成出货信号。下降趋势线是股价反弹的阻力位，一旦下降趋势线穿破，形成进货信号。

（3）无论向上突破还是向下突破，均以超过3%方为有效突破，否则为假突破。

（4）向上突破须佐以成交量放大，而向下突破无需量的配合，但确认有效后成交量通常会增大。

（5）如果突破以缺口形式出现的话，则突破将是强劲有力的。

（6）在上升或下降趋势的末期，股价会出现加速上升或加速下跌的现象，所以，市况反转时的顶点或底部，一般均远离趋势线。

（7）一种股票或商品价格随着固定的趋势移动时间越久，该趋势越可靠。因此，周线图和月线图的趋势线较日线图更值得信赖。太短时间所形成的趋势线的分析意义不大。

（8）在形成上升趋势线的过程中，短期上升底部越多，这条线的技术性意义也就越大。例如行情第三次回落到趋势线上，在那里获得支持，形成第三个短期低点后又恢复上升，其后又第四次回到趋势线上获支持上升，那么这条趋势线的技术性意义越来越大，日后出现信号的可靠性也越来越高。下降趋势线形成的技术意义类似。

（9）平缓的趋势线，技术性意义较大；太陡峭的趋势线不能持久，分析意义不大。

（10）当价格升破轨道上限阻力时，显示行情正进入"消耗性上升"阶段。反之，当价格跌破下降轨道下限支持时，意味着行情已进入"恐慌性下跌"阶段。理论上，这些情形都不可能持久。

我们建议投资者在画线分析时，可画出不同的试验性趋势线。当证明某条趋势线毫无意义时，就将之擦掉，只保留具有分析意义的趋势线。此外，还应不断地修正原来的趋势线，例如当价格跌破上升趋势线后又迅即回升到这趋势线上面，分析者就应该连接第一个低点和最新形成的低点重画出一条新线，又或是连接第二个低点和新低点修订出更有效的趋势线。

大家还可从趋势线的发展角度陡与缓，判别股价变化的速度，当趋势线成为水平线时，则警惕一次转折的来临。

三、趋势线实战解析

1. 上升趋势线分析

上升趋势线是就股价上升波段中股价底部之连接线而言。这连接而成的上升趋势线通常相当规则，股价每次回落到趋势线就反弹回去，一个底部比一个底部高。上升趋势形成后，股价就会有一波较好的涨势。投资者

看到股价在趋势线上运行，应该可以放心持股，直到股价有效跌破趋势线，如图2-8所示。

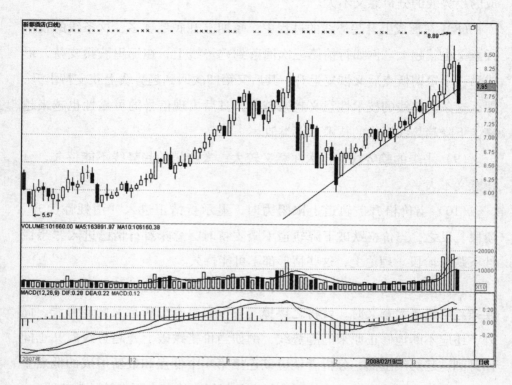

图2-8　新都酒店（＊ST新都）　　000033

　　若股价处于上升趋势，当股价回落触及股价上升趋势线时，便是绝佳的买点（买进信号），投资者可酌量买进股票。如图2-9所示，新和成的股价在2007年底形成一个明显的上升趋势，上升趋势线的支撑作用非常明显。那么最佳的买入时机就是股价回落到上升趋势线的时候及时介入。

　　而当股价上涨触及上升趋势线之返回线（对应高点连接的平行线）时，便是股票绝佳之卖点，投资者可将手中的持股卖掉（如图2-9所示）。

2. 下降趋势线分析

　　下降趋势线由最先出现或最具代表性的两个高点连接而成，总体趋势

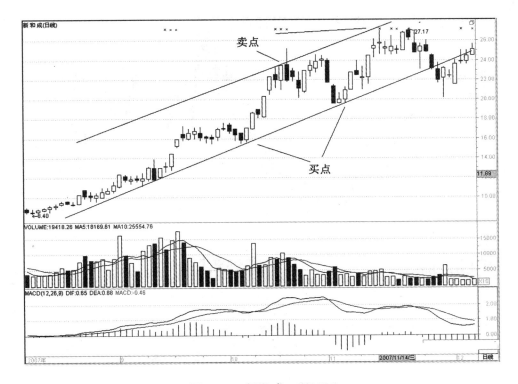

图 2 - 9   新和成   002001

向下。一旦下降趋势线形成，说明场内做空的力量越来越大，而做多的力量越来越虚弱。在这样一个趋势下，当然要抓住时机卖出股票，避免更大的损失。如图 2 - 10 所示，山东海化在 2008 年初形成一个明显的下降趋势。那么哪里是最佳的卖点呢？从趋势线上就可以明显看出，每次股价反弹到下降趋势线的时候就是卖出的好时机。

3．快速上升趋势线分析

快速上升趋势线只是一个相对概念，它既可以出现在以慢速上升趋势线为主的快慢趋势线组合中，也可以出现在以慢速下降趋势线为主的快慢趋势线组合中，关键在于：其维持的时间比慢速趋势线短（如图 2 - 11 中的 L1 和图 2 - 12 中的 L2）。快速上升趋势线的市场含义是：股价或指数的运行趋势在短期内是向上的，具有在短期支持股价上升的作用。

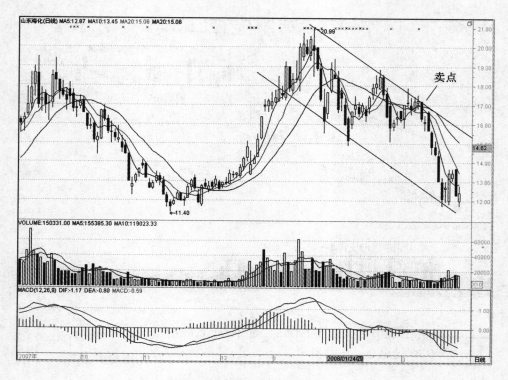

图2-10　山东海化　000822

　　如图2-11所示，快速上升趋势线L1出现在以慢速上升趋势线L2为主的趋势线组合中，趋势长期向好。此时成交量逐步放大，同时股价加速上升，投资者可以择机介入，短期获利的可能性极大。不过当股价离慢速上升趋势线越来越远的时候，投资者要小心股价随时有可能回落。

　　如图2-12所示，快速上升趋势线L2出现在以慢速下降趋势线L1为主的趋势线组合中，趋势长期向空。如果股价暂时回稳反弹，短线投资者可以择机介入，做个短线差。不过当股价反弹到慢速下降趋势线下方的时候需及时获利了结，规避风险，因为此时股价极有可能又反转下落。不过这种在熊市当中的短线获利机会风险极大，没有高超的技术不要随便介入。

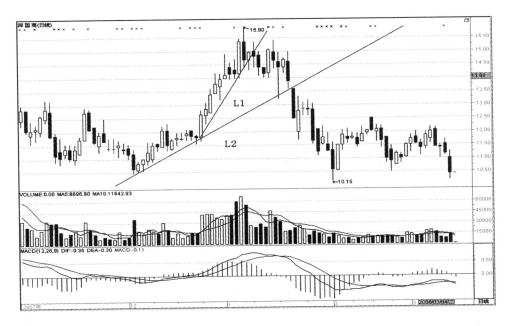

图 2－11 深国商 （皇庭国际） 000056

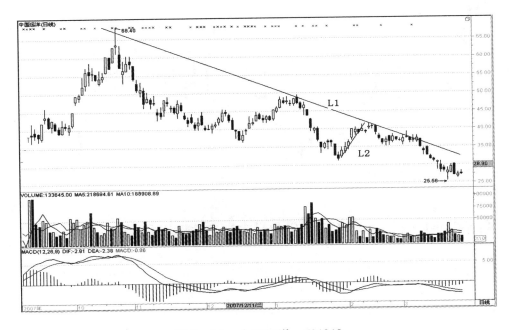

图 2－12 中国远洋 601919

119

4. 快速下降趋势线分析

快速下降趋势线也是一个相对概念，它既可以出现在以慢速下降趋势线为主的快慢趋势线组合中，也可以出现在以慢速上升趋势线为主的快慢趋势线组合中，关键也在于：其维持的时间比慢速趋势线短（如图 2 – 13 中的 L1 和图 2 – 14 中的 L2）。快速下降趋势线的市场含义是：股价或指数的运行趋势在短期内是向下的，具有在短期抑制股价上升的作用，也就是通常所说的反压作用。

如图 2 – 13 所示，快速下降趋势线 L1 出现在以慢速下降趋势线 L2 为主的趋势线组合中，趋势长期向空，短期股价加速下跌。在这种情况下，毫无疑问，投资者应该持币观望。一般而言，股价加速下跌很有可能到了下跌的末端，反转在即，投资者可以做好准备，一旦反转，可以及时跟进

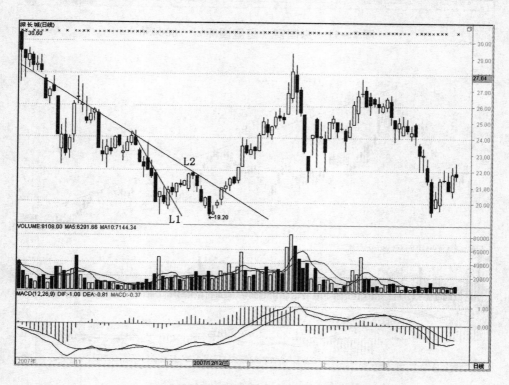

图 2 – 13　深长城（中洲控股）　　000042

做多。该股在两次加速下跌后立刻反转，随后就是一波不小的涨幅。

如图 2－14 所示，快速下降趋势线 L2 出现在以慢速上升趋势线 L1 为主的趋势线组合中，趋势长期向好，只是股价暂时回落。这种情况的操作跟上一种不同。上一种需要及时回避。这种情况是大趋势向好，投资者不能贸然看空。除非股价有效跌破上升趋势线反转向下，否则我们都应该坚定持股。该股在暂时回落后又继续上升，如果出局了将损失大笔收益。一般而言，慢速上升趋势中的股价快速下降是庄家洗盘所为，投资者应该坚定信心，不要轻易被庄家清洗出局。

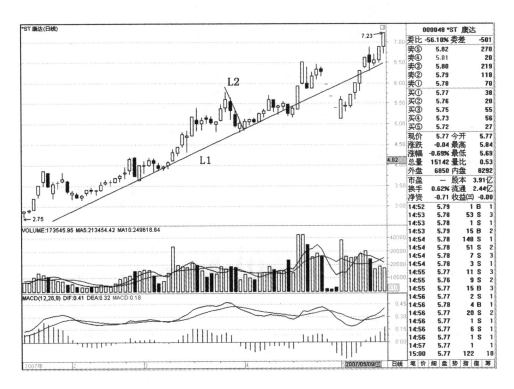

图 2－14　* ST 康达（康达尔）　　000048

5. 下降趋势线的有效突破

投资者对趋势线分析的一个困惑是：如何确认趋势线被有效突破？很

多时候，投资者被庄家做出的假突破害惨了。下面我们来学习如何确认趋势线被有效突破，这对于用趋势线指导投资有至关重要的作用。

下降趋势线被有效突破的研判要点是：股价的涨幅已经超过3%，且连续3天股价收于趋势线上方。

如图2-15所示，在下降趋势中，有两个地方股价突破了趋势线，哪个是有效突破一目了然。上一个方框处的股价虽然突破了下降趋势线，但幅度不够3%，更关键的是次日便反转继续向下。这不是真正的突破，投资者千万不要盲目介入。而下一个方框处，股价连续上升，股价远远超过趋势线3%，且连续3天收于趋势线之上，此时可以确认下降趋势线已经被有效突破，反转开始了，投资者可以积极跟进做多。

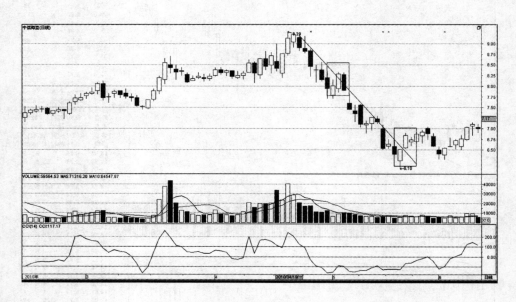

图2-15　中信海直　　000099

6. 上升趋势线的有效跌破

上升趋势线被有效跌破的研判要点是：股价的跌幅已经超过3%，且连续3天股价收于趋势线下方。

如图 2 - 16 所示，在上升趋势中，有两个地方股价跌破了趋势线，哪个是有效跌破一目了然。左边圆圈处的股价虽然跌破了下降趋势线，但幅度不够 3%，更关键的是只有一天的开盘价低于趋势线，收盘价依然高于趋势线。这不是真正的跌破，投资者千万不要被前面的两条大阴线吓破了胆。该股后期依然继续上升创出新高。而下一个圆圈处，股价连续下跌，股价远远偏离趋势线 3%，且连续 3 天收于趋势线之下，此时可以确认上升趋势线已经被有效跌破，投资者应该及时出局。

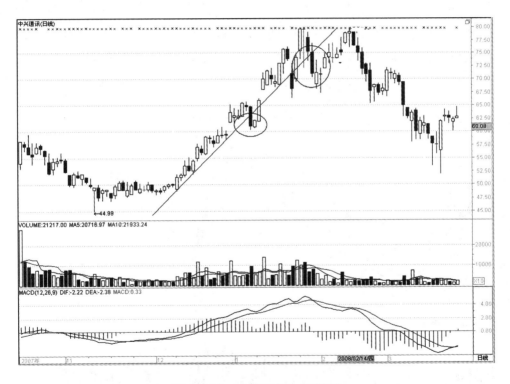

图 2 - 16　中兴通讯　　000063

7. 新的趋势线

股市永远是一个残酷的、让很多散户亏本的游戏市场，趋势线可以用来指导投资者对股价运行趋势做出判断，同时也可以被庄家用来欺骗散户，

混淆散户的视线。我们经常看到股价有效跌破上升趋势线后，没过几天股价又开始上升，并且涨势更凶猛。反之，也有很多股票在有效突破下降趋势线后并没有真正反转向上，反而加速下跌，让投资者损失惨重。这说明股票市场是一个凶险的地方，投资者一不小心就会掉入庄家的陷阱中。下面我们来学习一下如何研判新的趋势线。

如图 2－17 所示，L2 即新的上升趋势线。原来的上升趋势线 L1 被有效跌破后，股价经短暂盘整后继续向上，让跌破趋势线就出局的投资者大跌眼镜。这说明前面的趋势线被有效突破是庄家刻意打压所致，也就是我们通常所说的"空头陷阱"。其目的是庄家大概觉得快速上涨引来了很多的跟风盘，继续做多有一定困难，此时有必要进行洗盘。既然是这样，投资者就不必再拘泥于原来的趋势线，而应该按照新的趋势线进行操作。

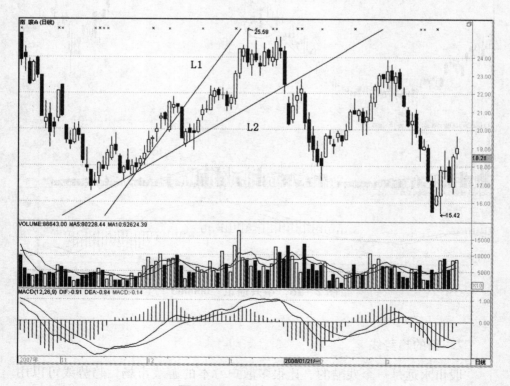

图 2－17　南玻 A　000012

如图 2-18 所示，L2、L3、L4 都是新的下降趋势线。原来的上升趋势线 L1 被有效突破后，股价经短暂上升后继续下探，让以为反转开始的投资者损失惨重。图中 3 次产生新的下降趋势线，说明庄家诡计多端。这种现象在熊市开端经常可以看到，庄家为了出货不时创造出下降趋势线被有效突破的假象来蒙骗散户接盘，自己则趁机逃之夭夭。当新的下降趋势线形成后，原来的趋势线就失去意义了，我们应该按新的趋势线进行操作。

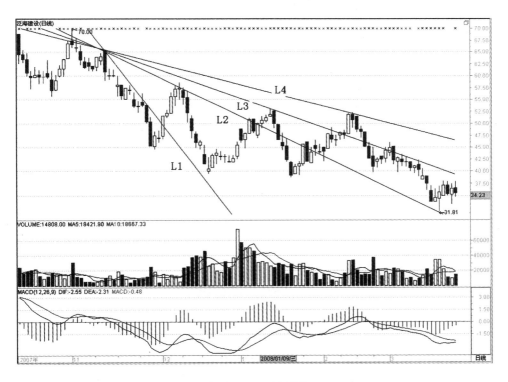

图 2-18 泛海建设（泛海控股） 000046

8. 平行趋势内的操作

前面讲过平行趋势即箱体走势。当股价在一个箱体运行的时候，普通投资者是不应参与的。特别是有些个股在箱体运行的时间很久，进入其中

无疑要付出很高的时间成本。但是对于一些短线高手来说，在箱体内做波段也是一件很惬意的事。事实上操作方法也很简单，就是在股价运行到箱体下边线时买进，在股价运行到箱体上边线时卖出。

如图 2-19 所示，这是丰原药业的一段走势。该股明显走出一个箱体的平行走势。股价在上升到 8.25 元附近见顶回落，但跌到 7.00 元附近则神奇地止跌，然后再度上涨。如此反复折腾，形成一个标准的箱体走势。对于这样的个股操作比较简单，只要在箱体的底部跟进，到箱体的顶部卖出就可以。当然，这么做需要做好止损，万一股价跌破箱体的下边线则需止损出局。

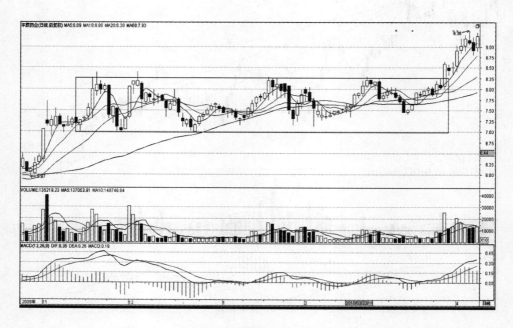

图 2-19　丰原药业　000153

9. 突破平行趋势

一个股票不可能永远处于平行走势中，它最终会选择突破方向。如果股价向上突破，则意味着拉升的开始，投资者可以积极跟进。当然也有很多假突破，这需要我们观察突破的方式和成交量。如果以攻击性的中大阳线且带有较大的量突破，一般是真突破，投资者可以放心跟进，否则有可能是诱多陷阱。另外股价的整体位置也值得考虑，如果股价处于高位，则突破很可能是诱多。

如图 2 - 20 所示，佛山照明在 2009 年 10 月间走出一个明显的平行趋势，股价在一个较小的范围内上下震荡，几乎没有多少价差，因此不适合参与做波段。2009 年 11 月 3 日该股放量大涨，股价突破箱体的上边线，这应该是真突破，投资者可以积极跟进。后市该股的表现也果然没让人失望。

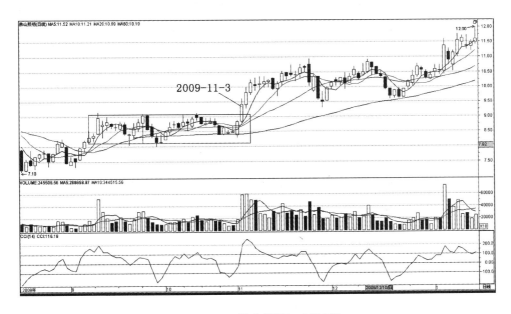

图 2 - 20　佛山照明　000541

如图 2 - 21 所示，双良节能 2010 年 3 月 26 日突破此前长时间的平行趋势，当日放量大涨，按常理应为真突破，但此后该股却并没有如期进入新一轮拉升，震荡一段后即反转暴跌。为什么本例的放量突破平行趋势成为假突破呢？最大的原因在于该股前期涨幅已经很大，此时的突破很可能是主力诱多出货，投资者应该保持清醒的头脑。

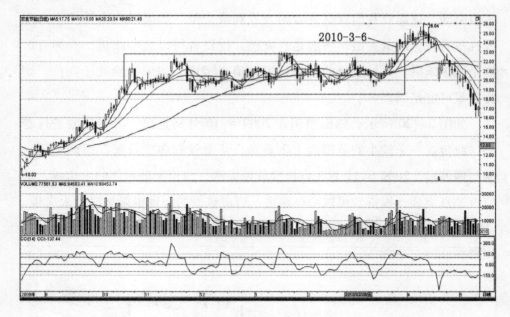

图 2-21　双良节能　600481

10. 跌破平行趋势

有向上突破就有向下突破，我们也经常看到股价跌破平行趋势。特别是下跌途中的平台很可能被向下突破。但是在股价已经大幅下跌的背景下，再向下突破则可能是最后一跌或者是诱空陷阱。在上升途中也有可能跌破平行趋势，往往是主力洗盘的陷阱。跌破平行趋势通常不需要量能的放大，如果有量能放大，则很可能是恐慌性杀跌，跌势将更猛。跌破平行趋势也要看跌破的方式，如果具有很强攻击性的中大阴线，则通常是真实的跌破。

如图 2-22 所示，金路集团（现名"＊ST 金路"）在 2010 年 6 月间走出一个平行趋势。2010 年 6 月 29 日该股暴跌，一根大阴线击穿平行趋势的下边线，这应该是真实破位，投资者此时只能止损出局，因为一旦跌破则意味着不会很快止跌。该股此后果然继续下跌，跌幅不小。

如图 2-23 所示，开元控股（现名"国际医学"）两波上涨后进入横盘的平行走势中，因为上下的空间比较大，投资者可以做波段。2010 年 2

图 2－22　金路集团（＊ST 金路）　　000510

图 2－23　开元控股（国际医学）　　000516

月1日该股小幅下跌，股价跌破平行趋势的下边线。但此后该股并没有继续下跌，再度进入横盘走势中。这说明2010年2月1日的跌破不是有效跌破。当日只是小阴线，没有多少攻击性，另外次日即止跌，也说明空头并无真意做空。当然我们也不能撇开股价的整体位置来研判，当时该股的整体涨幅并不大，因此下跌的动力也自然不足。

炒股经

牛市拼，熊市熬，几轮回，方开窍。

炒股票，练技巧，修理论，悟绝招。

低慢吸，高快抛，人皆知，谁做到？

大赢家，心态好，重理念，气不躁。

思暴富，急近利，患得失，非英豪。

踏波底，冲浪峰，拨云雾，真英雄。

空亦多，多亦空，变角色，露峥嵘。

定纪律，循规矩，戒赌性，三思行。

选组合，细揣摩，敢实践，必修课。

政策市，消息多，盲跟风，常作魔。

讲技术，矛盾多，精综合，再操作。

顺势为，寻机会，资金贵，频做亏。

镜中物，纸富贵，不了结，鸽又飞。

众人醒，我独醉，反潮流，走一回。

势不明，莫盲从，习忍功，不被动。

不敢输，不能赢，铲恐惧，除贪婪。

阴极入，莫杀空，阳极出，敢放空。

死多死，死空空，出盘局，即加盟。

上下轿，看通道，趋势中，神放松。

测顶底，察秋毫，处两极，鸣警钟。

长短线，信号同，握先机，能从容。

大行情，气如虹，价量升，莫言峰。

股轮涨，水流长，满堂红，势易竭。

防回震，短放空，赚短差，再上冲。

若跳空，量适中，缺不补，牛将疯。

量急增，价滞重，处悬崖，莫放纵。

量不增，价虚升，强弩末，当警觉。

齐呐喊，创新高，人皆醉，我做空。

跌势定，需冷静，莫回首，去进修。

学人长，补己短，善总结，上层楼。

大调整，人休整，睡大觉，解疲劳。

个股跳，莫心动，稍不慎，即套牢。

上新股，多观战，待走稳，莫攀高。

落陷阱，即时逃，想反弹，价更糟。

跌过头，有反抽，轻仓进，赚就溜。

打反弹，有原则，赢即跑，败即逃。

不大跌，无须做，跌得深，弹得高。

反弹点，捕捉好，前升幅，黄金处。

暴跌型，看三阴，点降型，等大阴。

控仓位，降预期，分步进，逐步跑。

轻选股，重跌幅，乖离率，是参数。

弹结束，全抛出，是断腕，也割肉。

跌势尽，大盘稳，无新低，入盘整。

反复打，不再垮，底来临，显特征。

庄吸筹，人气苏，量价增，又逢春。

众个股，忙上攻，股评界，仍唱空。

过数日，盘翻红，再回抽，遇支撑。

似反弹，却逆转，莫犹豫，抢龙头。

涨莫喜，跌莫忧，设盈损，壮志酬。

年复年，月复月，做波段，巧投机。

滚打爬，变手法，独思考，渐成熟。

上埋雷，下丢弹，循环转，有钱赚。

莫忘形，记伤疤，慎防范，保平安。

积跬步，行千里，聚细流，汇江海。

此股经，请记清，辛酸泪，血写成。

股中来，股中去，抛粗砖，引白玉。

（引自百度博客）

第三章

技术图形的识别与运用

技术图形分为普通技术图形和特殊技术图形。了解每种技术图形的形成原理和操作要点，对于初学者来说非常重要。看盘入门，必须熟记几十种技术图形。

第一节　普通技术图形

第二节　特殊技术图形的分析与运用

炒股经

第一节　普通技术图形

一、上升三角形

○ **图形识别**

　　股价上涨一段之后，在某个价位上遇阻回落，但逢低吸纳的资金也很多，因此股价下跌一些之后很快站稳，并再次上攻。在上攻到上次顶点的时候，同样遇到抛压，但是，比起第一次来这种抛压小了一些，股价只是稍作回落，远远不能跌到上次回落的低位，然后再次上攻，终于消化掉上方的抛盘，重新向上发展。如果我们把每次短期波动的高点和低点分别用直线连起来，就形成了一个向上倾斜的直角三角形，如图 3－1 所示，这就是所谓的上升三角形。上升三角形后市向上突破的概率很大。

　　在上升三角形没有完成之前，也就是说在没有向上突破之前，股价走势的发展方向还是未知的，如果向上突破不成功，很可能演化为头部形态，因此，在形态形成过程中不应轻举妄动。突破往往发生在明确的某一天，因为市场上其实有许多人正盯着这个三角形，等待它完成。一旦向上突破，理所当然的会引起许多人追捧，从而出现放量上涨局面。

　　上升三角形在形成过程中是难以识别的，但是通过股价第二次回档时盘面情况的观察，可以估计市势发展的方向。特别是对于个股走势判断，更加容易把握，因为现在公开信息中包括买卖盘口的情况和即时成交情况，只要仔细跟踪每笔成交，便可以了解该股回档时抛压及下方支撑的力度，并分析是否属于自然的止跌，如果属于庄家刻意制造的图形，则支撑显得生硬勉强，抛压无法减轻。

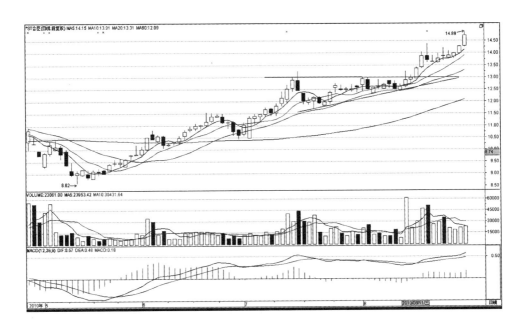

图 3 - 1 * ST 合臣（鹏欣资源）　　600490

　　上升三角形的上边线表示的是一种压力，在这一水平上存在某种抛压，而这一抛压并不是固定不变的。一般来说，某一水平的抛压经过一段冲击之后应该有所减弱，再次冲击时更进一步减弱，到第三次冲击时，实质性的抛盘已经很少了，剩下的只是心理上的压力而已。这种现象的出现，说明市场上看淡后市的人并没有增加，倒是看好后市的人越来越多。由此可见，股价向上突破上升三角形的时候，显得相对轻松，不应该再有大的阻力，这就是判断一个真实的突破的关键。

　　然而，如果在股价多次上冲阻力的过程中，抛压并没有因为多次冲击而减弱，那只说明市场心态本身正在转坏——抛压经过不断消耗反而没有真正减少，是因为越来越多人加入了空方的行列，在冲击阻力过程中买入的人也会逐渐失去信心，转而投到空方阵营之中去。这种情形发展下去，多次冲击不能突破的顶部自然就成为一个具有强大压力的头部，于是三角形失败，成为多重顶。

判断上升三角形还要配合量的分析。在其形成过程中，成交量会逐渐萎缩，上升的时候量稍多，下降的时候量稍少，但是向上突破的时候一定要有较大的成交量。无量突破一般是假突破，不要贸然介入，当然高度控盘的小盘股也可能会缩量突破。如果上升三角形迟迟不突破，要小心庄家在做骗线，掩护自己悄悄出货，投资者千万不要一头栽进多头陷阱中。

◉ 后市操作要点

在上升三角形形成过程中，持股者继续拿着股票等待突破，持币者暂时观望，在股价放量突破上边线的时候积极介入，后市上涨的概率极大。突破的形式以放量的中大阳线为最佳，这种突破可靠性较高。如果类似三角形走势最后向下突破，则需果断止损。

◉ 实战解析

如图 3－2 所示，这是莱茵生物在 2010 年 7～8 月的一段走势图。股价上涨一段时间后，在 27 元附近价位上遇阻回落。这种阻力可能是获利抛压，也可能是原先的套牢区的解套压力，甚至有可能是主力出货形成的压力。在回落过程中，成交量迅速缩小，说明上方抛盘并不急切，只有在到达某个价位时才出现抛压。由于主动性抛盘不多，股价下跌一些之后很快站稳，并再次上攻。在上攻到上次顶点的时候，同样遇到抛压，但是，比起第一次来这种抛压小了一些，这可以从成交量上看出来，显然，想抛的人已经抛了不少，并无新的卖盘出现。这时股价稍作回落，远远不能跌到上次回落的低位，而且成交量更小了。于是股价便自然而然地再次上攻，终于消化掉上方的抛盘，重新向上发展。2010 年 8 月 5 日该股成功突破上档压力区，上升三角形也就此正式形成了。此时投资者可以积极介入。该股后市加速拉升，整体涨幅不小，这个波段的操作让投资者获利颇丰。

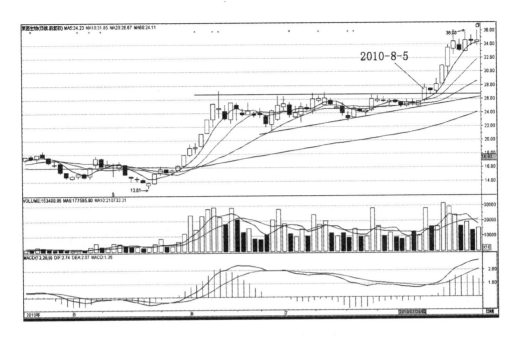

图 3 - 2 莱茵生物 002166

二、下降三角形

图形识别

　　下降三角形多数出现在跌势中，股价在下跌到某个价位后获得支撑，然后开始反弹，但反弹的力度显然不够，这从成交量的萎缩可以看出，说明市场中并无多少人看好后市。因此股价在反弹一段后便又回落，在回到上次的低点后再次反弹，不过这次反弹的力量更弱。如此反复，最后多方终于彻底放弃抵抗，股价突破支撑位，迅速下跌。如果我们把每一个短期波段的高点和低点用直线连接起来，就形成了一个上边线向下倾斜的直角三角形，这就是所谓的下降三角形，如图 3 - 3 所示。

　　下降三角形形成的过程中往往出现量价背离的状况，反弹的时候量较

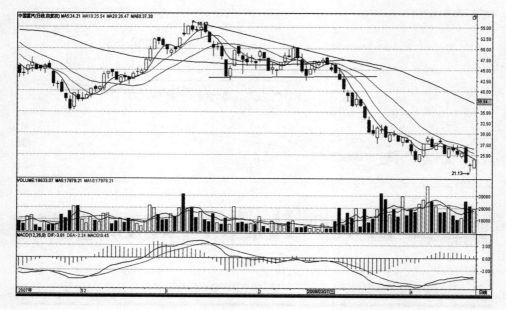

图 3 – 3　中国重汽　000951

小，下跌的时候量较大，说明股价还有跌的空间。突破下边线的时候一般伴随放量。下跌三角形向下突破的情况居多，但也不排除极少的向上突破的情况。

◉ 后市操作要点

如果股价整体处于下降趋势，在三角形形成过程中，反弹逢高减磅，在股价突破下边线时彻底清仓。在上升途中出现这样的三角形可以等待方向的选择，如果向上突破则说明整理结束，可以积极跟进。

◉ 实战解析

如图 3 – 4 所示，这是凯迪电力（现名"凯迪生态"）在 2008 年初的走势图。股价在 25 元附近反弹见顶回落，股价迅速下落，在 19 元得到暂时支撑，然后开始反弹，但反弹时量能极度萎缩，说明做多者寥寥无几，

138

反弹的力度自然也很小。股价在小幅上升之后又迅速下跌，在 19 元附近再次反弹，但这次反弹的量能更小，在还没到前次高点的时候就掉头向下。股价稍作挣扎就突破下边线，更加迅猛地往下掉，跌幅巨大。

图 3 – 4　凯迪电力（凯迪生态）　　000939

　　判断下降三角形的关键是量能的变化，下跌放量，上升缩量，说明盘中做多意愿不强烈，空方占据绝对优势。投资者见此情形应该逢高减磅，避免股价突破下行，损失更大。

三、上升旗形

◎ 图形识别

　　股价在上升后走出一波下跌行情，在下落到某个低点后开始反弹，但反弹的力量不够，没有达到前期高点就重新下落，并向下突破上次的低点，

在某个价位止跌后又开始反弹。如此反复多次后，股价向上突破，继续前期的上升趋势。如果我们把每一个短期波段的高点和低点用直线连接起来，就形成了一个由左向右下方倾斜的平行四边形。这就是所谓的上升旗形，就像一面挂在旗杆上迎风飘扬的旗帜。

上升旗形也是上涨途中的整理形态，后市的发展要看股价能不能突破旗形的上边线，如果不能突破也就不能称其为上升旗形。判断上升旗形的关键是旗形整理之后股价放量向上突破，继续原来的走势。另外整理的时间不能太长，时间越长，人气越涣散，要向上突破就很困难。如果以放量的攻击性中大阳线的形式向上突破则可靠性很高。

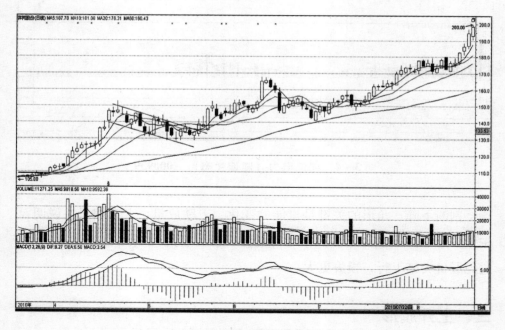

图3－5　洋河股份　002304

🔘 后市操作要点

向上突破确立后，可买进。回测趋势线不破时，可加码买进。

○ **实战解析**

如图 3－6 所示，益佰制药在一波快速上升后股价缓慢回落，收出众多的小阴线、小阳线，整体犹如一面迎风飘扬的旗帜。2010 年 1 月 29 日该股大幅上升，股价突破旗帜的上边线，上升旗形正式形成，通常是散户投资者进场的良好时机。之后股价震荡上升，整体涨幅不小。本例该股突破旗形上边线的时候量能显然不够，因此后市的涨速比较慢，主力并非那种强庄。

图 3－6　益佰制药　600594

四、下降旗形

○ **图形识别**

下降旗形与上升旗形正好相反，股价出现一波下跌后，由于低位的承

接买盘逐渐增加，价格出现大幅波动。在下跌过程中，成交量达到高峰，抛售的力量逐渐减少，在一定的位置有强支撑，于是形成了第一次比较强劲的反弹，然后再次下跌，然后再反弹，经过数次反弹，形成了一个类似于上升通道的图形。如果我们把每一个短期波段的高点和低点用直线连接起来，就形成了一个由左下向右上方倾斜的平行四边形。这就是所谓的下降旗形，像一个倒过来的旗杆上的旗帜。这个倒置的旗形，一般投资者往往会视为看涨，但是经验丰富的投资者根据成交量和形态来判断，排除了反转的可能性，所以每次反弹都是做空的机会。经过一段时间调整，某天股价突然跌破了旗形的下边沿，新的跌势终于形成。说白了，下降旗形是庄家为了出货精心设计的一个多头陷阱，投资者不要稀里糊涂就钻进圈套里去了。

判断下降旗形的一个关键是注意量能的变化，在股价上升过程中，成交量逐渐萎缩，形成所谓的量价背离。如果股价向下突破下边线，就可以

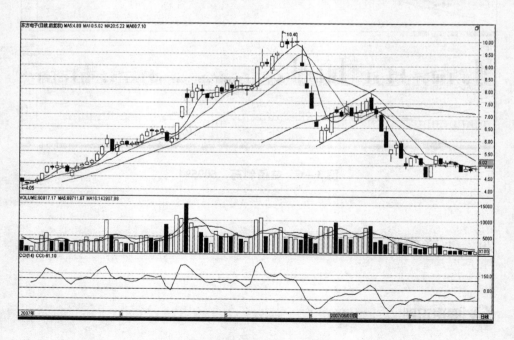

图3-7 东方电子 000682

确认下降旗形形成，投资者应该及时离场。

后市操作要点

逢高减磅，股价突破下边线时彻底清仓。

实战解析

如图 3-8 所示，外高桥见顶回落后跌速越来越快。2010 年 4 月 19 日该股暴跌收出大阴线。次日股价止跌反弹。此后股价震荡上行，形成一个小型的上升通道，犹如一面小小的旗子。这是不是表明股价已经完全走好呢？有经验的投资者就知道这是一个典型的下降旗形，后市风险很大。果然，该股不久跌破旗形的下边线，下降旗形正式形成，股价下跌走势一发不可收拾，让投资者损失惨重。

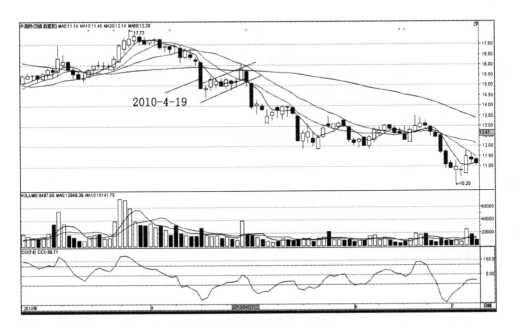

图 3-8 外高桥 600648

对于下降旗形，投资者要保持足够的谨慎，每次反弹都是减磅良机，如果股价跌穿下边线更应该彻底清仓出局。

五、上升楔形

◯ 图形识别

上升楔形指股价经过一次下跌后有强烈技术性反弹，价格升至一定水平又掉头下落，但回落点较前次为高，又上升至新高点，比上次反弹点高，然后再回落，形成一浪高过一浪之势。把短期高点和短期低点相连，形成两条向上倾斜的直线，上面一条较为平缓，下面一条则较为陡峭。这就是所谓的上升楔形，如图3－9所示。

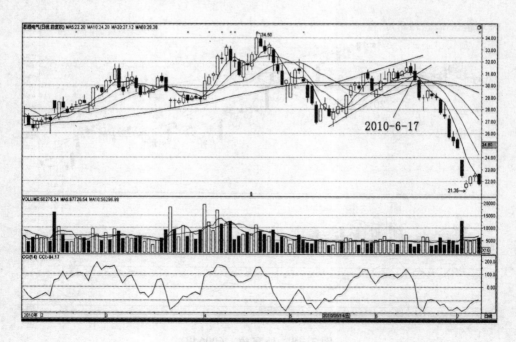

图3－9 思源电气 002028

判断上升楔形还是要关注成交量的变化。在上升楔形的形成过程中，成交量逐步向顶端递减，总体呈现价升量减的态势，也就是所谓的量价背离。

上升楔形是下降趋势中的反弹波，从成交量的萎缩可以看出，场内做多的力量很虚弱。既然如此，投资者见到此图形还是抓住机会逢高离场为妙。

表面上看来，上升三角形只有一边上倾，所代表的是多头趋势，而上升楔型两边上倾，多头趋势应该更浓，但实际上并非如此，因为上升三角形的顶线代表股价在一定价格才卖出，当供给被吸收后（上升界线代表吸收），上档压力解除，股价便会往上跳。在上升楔形中，股价上升，卖出压力亦不大，但投资人的兴趣却逐渐减少，股价虽上扬，可是每一个新的上升波动都比前一个弱，最后当需求完全消失时，股价便反转回跌，因此，上升楔形表示一个渐次减弱的情况。上升楔形是一个整理形态，常在跌市中的回升阶段出现，上升楔形显示尚未跌见底，只是一次跌后技术性反弹而已，当其下限跌破后，就是沽出信号。

◎ 后市操作要点

持股者趁反弹时及时减磅操作。如果股价跌穿上升楔形的下边线，赶紧清仓离场。持币者耐心观望。

◎ 实战解析

如图 3-10 所示，这是京新药业在 2008 年初的走势图。该股在 15.31 元见顶回落，股价大幅度下挫，在 10 元附近止跌回升，反弹到 12.5 元左右再次下跌，不过这次回落幅度较小，此后又开始反弹，直到 13 元附近，形成一个上升楔形。此后 K 线三连阴，股价跌破上升楔形的下边线。虽然此后股价仍有小幅反弹，但显然是主力拉高出货所为。股价在后面半个月跌去四成，令投资者损失惨重。上升楔形的破坏作用由此可见一斑。投资

者对下跌趋势中出现的上升楔形要保持足够的警惕，不要因为短时的上升而沾沾自喜，殊不知此为庄家刻意打造的多头陷阱，足以让你血本无归。

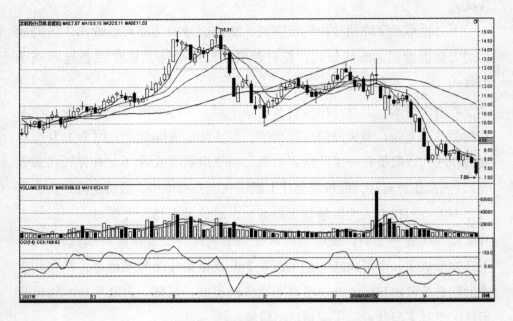

图 3－10　　京新药业　　002020

六、下降楔形

图形识别

　　下降楔形与上升楔形相比则相反，高点一个比一个低，低点亦一个比一个低，形成两条同时下倾的斜线。成交量也是越接近尾端越少。但是当股价突破上边线时，成交量明显放大，新的一波涨势又开始了。如图 3－11 所示。

　　下降楔形是庄家为了洗盘制造出来的空头陷阱，投资者可以在股价向上突破上边线的时候积极跟进做多，必有丰厚的回报。

图 3 – 11   羚锐制药   600285

下降楔形市场含义和上升楔形刚好相反。股价经过一段时间上升后，出现了获利回吐，虽然下降楔形的底线往下倾斜，似乎说明市场的承接力量不强，但新的回落浪较上一个回落浪波幅为小，说明沽售力量正减弱，加上成交量在该阶段的减少，可证明市场卖压在减弱。

下降楔形也是个整理形态，通常在中、长期升市的回落调整阶段中出现。下降楔形的出现告诉我们升市尚未见顶，这仅是升后的正常调整现象，当其上限阻力突破时，就是一个买入信号。

◎ **后市操作要点**

在上升楔形形成过程中高抛低吸，股价强势突破上边线时加码跟进。

◎ **实战解析**

如图 3 – 12 所示，广宇集团在 2007 年 10 月有一波较强的上涨，然后

见顶回落，不过不久就止跌反弹，反弹的力度不是很大，还没达到前次高点就开始回落，然后一路走低，跌穿上次的低点后才又开始反弹。这是不是一个下降通道呢？短期来说好像没有疑义。但是我们把两次高点和低点用线连起来就发现，这是一个下降楔形，跌幅和成交量都在收窄，后市走好可期。果然，该股在突破下降楔形的上边线后持续向上，涨幅可观。投资者可以在股价放量突破上边线的时候大胆介入，盈利机会很大。

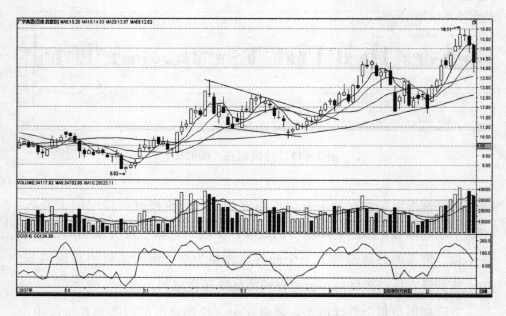

图 3 – 12　广宇集团　002133

七、扩散三角形

◎ 图形识别

　　股价经过一段时间的上升后下跌，然后再上升，再下跌，上升的高点较上次为高，下跌的低点亦较上次的低点为低，整个形态以狭窄的波动开始，然后向上下两方扩大，如果把上下的高点和低点分别用直线连接起来，就可以画出一个镜中反照的三角形状，呈现喇叭形状，这就是所谓的扩散三角形，如图3-13所示。

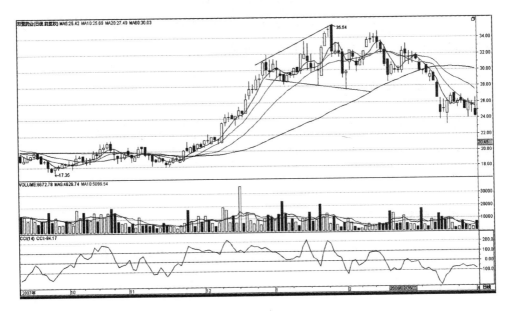

图 3 – 13　双鹤药业（华润双鹤）　　600062

不管扩散三角形向上还是向下倾斜，其含义是一样的，它最常出现在涨势多头末期，意味着多头市场的结束，常常是大跌的先兆。

扩散三角形态是由于投资者冲动的投机情绪所造成的，通常在长期性上升阶段的末期出现。在一个缺乏理性和失去控制的市场，投资者为市场炽烈的投机风气所感染，当股价上升时便疯狂追涨，但当股价下跌时又盲目地加入抛售行列，疯狂杀跌。这种市场极度冲动和杂乱无序的行动，使得股价不正常地狂起大落，形成上升时高点较前次为高，低点则较前次为低，也容易产生高而且不规则的成交量，反映出投资者冲动的买卖情绪。

可以将扩散三角形看做是市场最后的消耗性上涨，最后的疯狂往往会将股价推到很高的价位，但也暗示着市场购买力得到充分的发挥，升势业

已到了尽头，随后的多杀多式的下跌也会较为惨烈。

准确地说，扩散三角形是市场情绪化、不理智的产物，因此它绝少在跌市的底部出现，原因是股价经过一段时间的下跌之后，在低沉的市场气氛中市场投资意愿薄弱，不可能形成这一形态。

成交量方面，扩散三角形在整个形态形成的过程中，保持着高而且不规则的成交量，并且不随形态的发展而递减。

◎ 后市操作要点

投资者尽量不要在扩散三角形形态期间买入，注意以减磅操作为主。最佳的卖点为上冲上边线附近时卖出，其次为跌破下边线及反抽时果断止损离场。

◎ 实战解析

如图3-14所示，荣盛发展逐浪上升，高点越来越高，但回调的低点

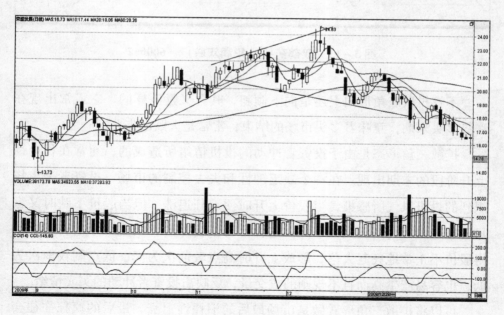

图3-14 荣盛发展 002146

也越来越低，如此反复，形成一个典型的扩散三角形。这说明多空分歧越来越大，市场已经陷入不理智的氛围中。多头的能量也逐渐在这样宽幅的冲杀中耗尽，反转是迟早的事。对于此类股票，投资者尽量少介入，风险大而收入少，说不定还有套牢危险。该股此后不久果然见顶，股价逐浪下跌，跌幅巨大。

八、收敛三角形

🔘 图形识别

收敛三角形又叫对称三角形。一般情形之下，收敛三角形属于整理形态，即价格会继续原来的趋势移动。它由一系列的价格变动所组成，其变动幅度逐渐缩小，亦即每次变动的最高价低于前次的水准，而最低价比前次最低价水准高，呈一压缩图形。如从横的方向看价格变动领域，其上限为向下斜线，下限为向上倾线，把短期高点和低点分别以直线连接起来，就可以形成一对称的三角形，如图3-15所示。

收敛三角形的成交量随越来越小幅度的价格变动而递减，正反映出多空力量对后市犹疑不决的观望态度，然后当价格突然跳出三角形时，成交量随之而变大。

🔘 后市操作要点

若价格往上冲破阻力线（必须得到大成交量的配合），便是一个短期买入信号；反之，若价格往下跌破支撑线（在低成交量之下跌破），便是一个短期卖出信号。

🔘 实战解析

如图3-16所示，辽宁成大从66元高处一路下跌到40元附近止跌反

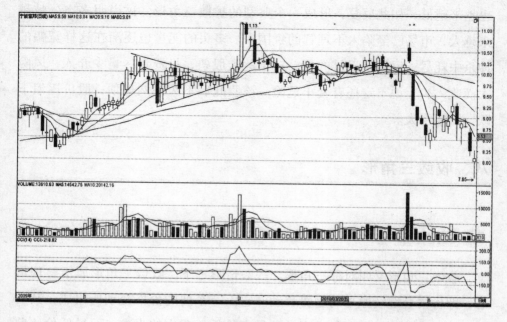

图3-15　宁波富邦　600768

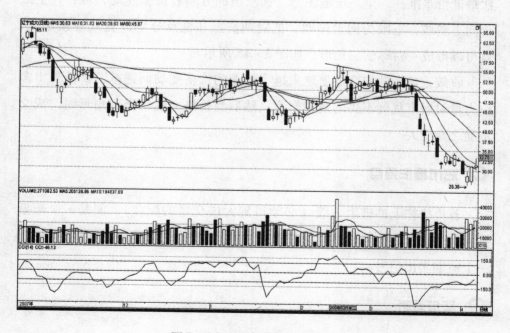

图3-16　辽宁成大　600739

弹。该股在 2007 年 1 月底开始了又一轮的反弹走势，股价上摸到 56 元后再下跌，在 47 元处再次反弹，因为上涨动力不足，再次下跌，后又很快上升，不过很快又落下，如此反复多次，形成了一个收敛三角形。对于总体下跌的收敛三角形走势，投资者要小心应对，不要抱有很大的期望，其结果下跌的可能性很大。该股在跌穿下边线后，股价呈自由落体式下跌，一直跌到 29.31 元，跌幅甚大。

如图 3 - 17 所示，峨眉山 A 于 2009 年 12 月 8 日至 22 日有一波下跌，跌幅较大，然后站稳上涨，但没有到达前期高点就回落，不过回落的幅度也很小，我们把两次的高点和低点分别连接起来，就可以看出这是一个收敛三角形。在上升趋势中出现的收敛三角形继续上升的可能性很大。该股后来突破上边线，放量直冲，涨幅不小。

图 3 - 17 峨眉山 A 000888

九、底部三角形

图形识别

　　股价在经过大幅下挫后3次探底，几乎在同一低点获得支撑，形成三角形的下边；股价每次反弹的高点逐渐下移，反弹的力度越来越小，形成三角形的上边。如图3-18所示。在整个图形的形成过程中，成交量逐渐萎缩，到三角形的尾端缩到最小。底部三角形是转势图形，向上突破需要成交量的配合，如果成交量不放大则很难形成真正的突破。

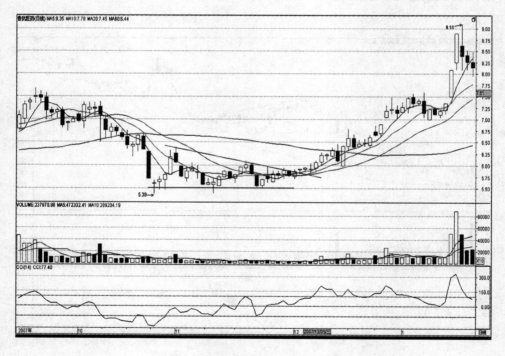

图3-18　鲁抗医药　600789

后市操作要点

在底部三角形形成过程中，持股者不要再盲目看空。在形态形成后，只要股价放量向上突破即可积极跟进。

实战解析

如图 3-19 所示，承德露露在 2007 年 10 月有一段大幅的下跌，跌幅达到 30% 后终于止跌反弹，但反弹的量能持续性不强，很快又下跌，到前期低点止跌，再次反弹，但这次反弹的力度更小，不久就回落至前期低点，如此 3 次反复，低点相同，高点一个比一个低，量能也逐步萎缩，形成一个典型的底部三角形。表面上看这只股票的走势实在疲软，其实不然，但凡有大涨势的个股都要一波三折。该股在经过底部三角形的反复整理后，随着成交量的放大，股价迅速上升，涨幅相当可观。

图 3-19　承德露露　000848

十、头肩底

图形识别

头肩底是指在一个下降趋势的底部出现三个连续谷底的形态，中间的谷底较低，人们称之为头肩底的"头"，其他两个谷底比中间的谷底稍高一点，分别称为头肩底的"左肩"和"右肩"，头肩底头部与左右两肩之间的峰顶连成的直线称为头肩底的颈线。如图 3 - 20 所示。

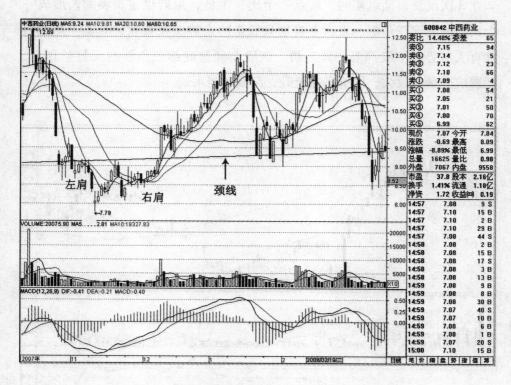

图 3 - 20　中西药业　600842

头肩底形态具有四个特征：

（1）头肩底的左肩处于一个下降趋势过程中，成交量较小。

（2）在左肩形成之后，股票价格还有一个下跌过程，在这个下跌过程中，成交量不仅未缩小，而且还比左肩的成交量大。

（3）头部形成之后开始生成右肩。一般来说，头肩底右肩的成交量比头部的成交量还要大。

（4）头肩底的颈线被多方向上突破后，成交量也随之放大。

头肩底的反转也不是一日之功，通常在头肩底的颈线被多方向上突破后，股票价格还有一个回调整理过程，当股票价格回到颈线附近时，如果成交量放大并将股票价格推升，那么头肩底反转形态就确定了，日后股票价格将在一个新的上升趋势中运行。

从头肩底的基本特征可以看出，从左肩到头再到右肩，成交量一直处于逐渐增加的态势。因此，一旦成交量不是这样变化，而且头肩底的颈线一直不被多方向上突破，那么原先做出的头肩底的判断就不正确，是失败的头肩底形态。

◎ 后市操作要点

当头肩底的颈线位被多方突破后，积极介入。

◎ 实战解析

如图 3 - 21 所示，山东黄金在 2007 年底随大盘下挫，在 130 元低点附近止跌，然后开始反弹，但上涨的幅度不是很大。随后该股继续下跌，并突破前期低点，然后再次止跌反弹。反弹到前次高点附近股价再度下跌，不过这次下跌的幅度远远小于上次，在离上次低点很远的地方就站稳反弹。这次的反弹伴随着量能的放大，并一举突破上两次的高点连线（颈线）。至此，一个典型的头肩底形成了。投资者可以在放量突破颈线时积极介入，该股后市涨势凶猛，最高达 239 元，涨幅惊人。

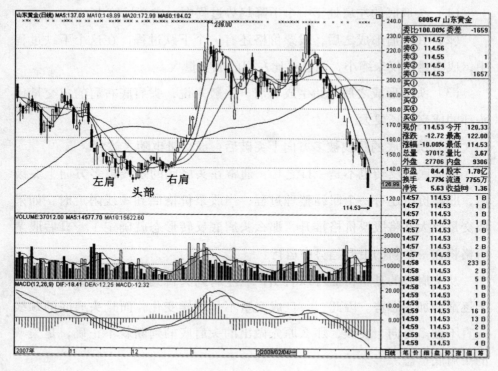

图 3-21　山东黄金　600547

十一、头肩顶

🔘 图形识别

　　头肩顶是指在一个上升趋势的顶部出现三个连续峰顶的形态，中间的峰顶较高，人们称之为头肩顶的"头"，其他两个峰顶比中间的峰顶低一些，分别称为头肩顶的"左肩"和"右肩"，头与左肩之间的谷底与头和右肩之间的谷底连成的直线称为头肩顶的颈线。如图 3-22 所示。

1. 头肩顶的形成过程

　　头肩顶的形成是股票买卖双方行为综合表现的结果。

图 3－22　青海华鼎　600243

（1）一般来说，在股票价格上涨以前或上涨过程中买进股票的投资者，当股票达到一定涨幅以后卖出获利了结，随着卖方筹码的抛售，股票价格必然下跌，从而形成了第一个峰顶。

（2）随着股票价格的下跌，前期错过涨势的人终于盼来了低位吸筹的机会，在技术性回档时买进便宜股票，股价得到支撑并回升，形成谷底。

（3）随着股票价格创下新高，部分前期错过卖出股票机会的投资者卖出股票，在回档时买进的短线客也获利了结，股票价格必然从新的高峰回落，形成第二个峰顶。

（4）大量的获利者离场，颈线位被击穿后，恐慌情绪增加，市场中卖股票的人增多，股票就大幅下跌了。

至此，头肩顶形态即告完成。

2. 头肩顶形态的四个特征

（1）头肩顶的左肩处于一个上升趋势之中，当股票价格创下高点并形成左肩后，成交量明显放大，即头肩顶的左肩附近的成交量最大。

（2）头肩顶头部的成交量比左肩的成交量略小一些。

（3）头肩顶右肩的成交量小于头部的成交量。

（4）头肩顶的颈线位被空方向下突破后，成交量有所放大。

3. 头肩顶的市场意义

通常认为，头肩顶的颈线位被空方击破后，股价将大幅下挫，这种说法只说对了一半。其实一旦头肩顶形态完成且颈线位被空方击破后，有时还会产生一个反弹过程将股票价格推升到头肩顶的颈线位置，这一反弹称为暂时回升，如果这种暂时回升无法向上突破头肩顶的颈线，那么股票价格大幅下跌就指日可待了，因此，投资者在头肩顶的暂时回升过程中最好不要冲动。

我们知道，头肩顶的右肩成交量比头肩顶头部的成交量小，只有这种情况出现，才能大致判断头肩顶形态即将完成，股票价格下跌的可能性较大。但是如果头肩顶右肩的成交量比头部的成交量大得多并且颈线位没有被突破，那么原先的判断就可能不正确。

◉ **后市操作要点**

在股价击穿颈线位时彻底出局。

◉ **实战解析**

如图3-23所示，新赛股份在2007年底有一波波澜壮阔的上涨，从8元多一直涨到20元才暂停回落。在14元上方股价止跌反弹，接着是一波较强的涨势，最高达到22元多。此后股价再度下跌，同样在14元附近获得支撑并反弹，但这次反弹显然力度不够，在上涨到18元下方就开始下跌。这次股价再也没有在前次低点获得支撑，一路下滑，跌势凶猛。这是一个典型的头肩顶走势，投资者要小心对待，在股价击穿颈线时无条件地清仓出局。

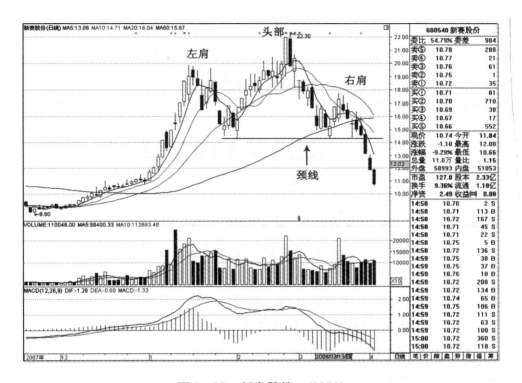

图 3 - 23　新赛股份　600540

十二、潜伏底

图形识别

　　股价在一个极狭窄的范围内横向移动，每日股价的波动很小，且成交量亦十分稀疏，K 线图上呈现一条横线般的形状，这种形态称为潜伏底，如图 3 - 24 所示。

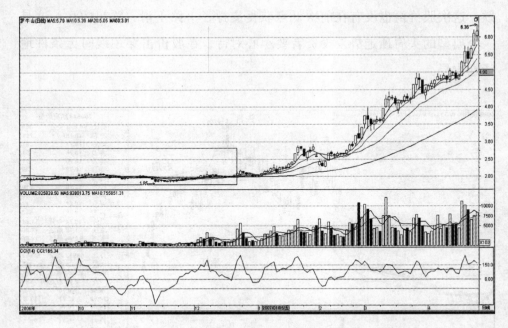

图 3-24　罗牛山　000735

　　经过一段长时间的潜伏静止后，价格和成交量同时摆脱了沉寂不动的闷局，股价大幅向上抢升，成交亦转趋畅旺。

　　潜伏底大多出现在市场淡静之时，或是出现在一些股本少的冷门股上。由于这些股票流通量少，而且公司不注重宣传，前景模糊，结果受到投资者的忽视，稀少的买卖使股票的供求十分平衡。持有股票的人找不到急于沽售的理由，有意买进的也找不到急于追入的原因，于是股价就在一个狭窄的区域里慢慢地移动，既没有上升的趋势，也没有下跌的迹象，表现令人感到沉闷，就像是处于冬眠时期的蛇虫，潜伏不动。最后，该股突然出现不寻常的大量成交，原因可能是受到某些突如其来的消息（例如公司盈利大增、分红前景好等）的刺激，股价脱离潜伏底，大幅向上扬升。人们相信，有一大批先知先觉的投资者在潜伏底形成期间不断地作收集性买入，当形态突破后，未来的上升趋势将会强而有力，而且股价的升幅甚大，所以，当潜伏底明显向上突破时，投资者应马上跟进，跟进这些股票利润十分可观，但风险却很低。

潜伏底的研判要记住以下要点：

（1）潜伏底形成的时间应较长。

（2）必须在长期性底部出现明显突破时方可跟进。突破的特征是成交量激增。

（3）在突破后的上升途中，必须继续维持高成交量。

◎ 后市操作要点

股价放量突破潜伏区域时积极介入。

◎ 实战解析

如图3-25所示，广发证券（原S延边路）在2005年底开始进入了一个长达半年的冬眠期，股价始终在一个很小的幅度内震荡，成交量也很低迷，形成带状走势。该股一直到2006年初才开始逐渐放量，股价迅速上

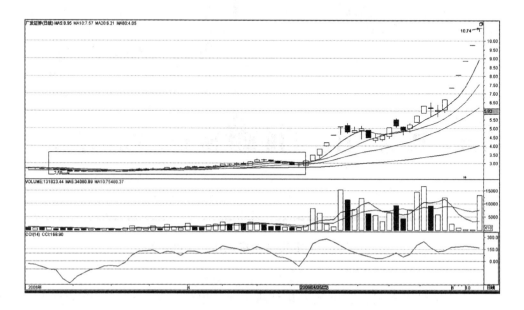

图3-25 广发证券 000776

涨，至此潜伏底终于形成并完成突破。该股从最低的2元多一直涨到11元多，股价翻了5倍，可谓惊人。投资者可以在潜伏底放量向上突破的时候积极介入，收益一定可观。

十三、双重顶

图形识别

在股价走势形态中，出现两个价位相近的顶，一般称之为双重顶。又因其图形与英文字母 M 相似，故又叫 M 顶。如图 3-26 所示。

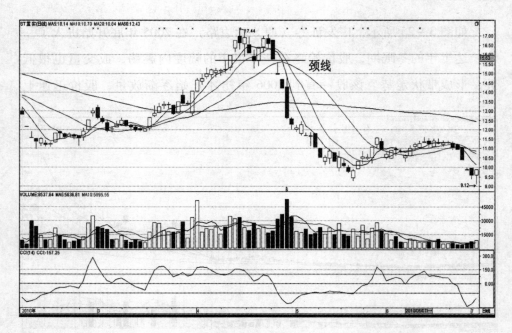

图 3-26 ST 重实（中房地产） 000736

从图中可以看出，双重顶一共有两个顶，也就是两个相同高度的高点。在上升趋势过程的末期，股价在第一个高点附近建立了新高点，之后股价回落，受上升趋势线的支撑，这次回档在一个低点停止。往后就是继续上升，但是力量不够，上升高度不足，在前期高点附近遇到压力，股价向下，这样就形成两个顶的形状。

双重顶形成以后，有两种可能的前途：一是未突破低点的支撑位置，股价在一个狭窄范围内上下波动，演变成后面要介绍的矩形。二是突破低点的支撑位置继续向下。第二种情况才是双重顶反转突破形态的真正出现，前一种情况只能说是一个潜在双重顶反转突破形态出现了。

过低点作平行于两个高点的连线的平行线，就得到一条非常重要的直线——颈线。

高点的连线是趋势线，颈线是与这条趋势线对应的轨道线，这条轨道线在这里起的是支撑作用。

一个真正的双重顶反转突破形态的出现，除了要有两个相同高度的高点以外，还应该向下突破低点支撑。

突破颈线就是突破轨道线、突破支撑线，所以也有突破被认可的问题。前面介绍的有关支撑压力线被突破的确认原则在这里都适用，主要的是百分比原则和时间原则。前者要求突破到一定的百分比数，后者要求突破后保持多日，至少是两日。

双重顶反转突破形态一旦得到确认，就可以用它对后市进行预测了。借助双重顶形态的测算功能，可知后市下跌的深度。

从突破点算起，股价将至少跌到与形态高度相等的距离。所谓的形态高度就是从高点到低点的垂直距离，亦即从顶点到颈线的垂直距离。

◎ 后市操作要点

第二个高点不能过前高时减仓，在股价击穿颈线位时彻底出局。

◎ 实战解析

如图 3－27 所示，西南药业（现名"奥瑞德"）在 2007 年底有一波强

劲的上涨，从 10 元多一直涨到 15 元多才见顶回落，股价小幅下跌后在 14 元附近获得支撑，然后再次上涨，但在前期高点遇阻回落，股价迅速下跌，击穿上次低点，至此双顶走势形成。后市该股继续下跌，跌幅达 30% 以上。

投资者对双重顶走势应该非常小心，一旦股价击穿颈线应立刻清仓出局。

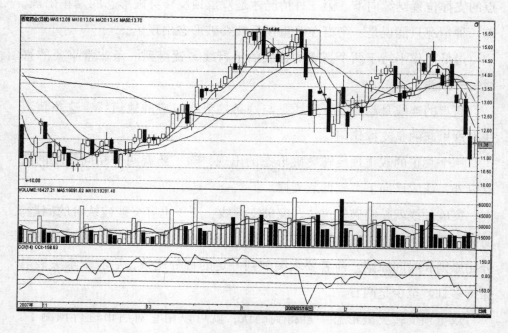

图 3 – 27　西南药业（奥瑞德）　600666

十四、双重底

🔵 **图形识别**

在下跌趋势的末期出现两个价格相同的底，一般称之为双重底，又叫 W 底。如图 3 – 28 所示。

图 3 - 28　广济药业　000952

　　一个完整的双重底包括两次探底的全过程，也反映出买卖双方力量的消长变化。在市场实际走势当中，形成圆底的机会较少一些，形成双重底的机会较多。因为市场参与者们往往难以忍耐股价多次探底，当股价第二次回落而无法创新低的时候，投资者大多开始补仓介入了。

　　每次股价从高水平回落，到某个位置自然而然地发生反弹之后，这个低点就成为一个有用的参考点。市场上许多人都立即将股价是否再次跌破此点当成一个重要入市标准。同时，股价探底反弹一般也不会一次就完成，股价反弹之时大可不必立即去追高。一般来讲，小幅反弹之后股价会再次回落到接近上次低点的水平。这时候应该仔细观察盘面，看看接近上次低点之后抛压情况如何。最佳的双重底应该是这样的：股价第二次下探时成交量迅速萎缩，显示出无法下跌或者说没有人肯抛售的局面。事情发展到这个阶段，双重底形态可以说成功一半。

那么另一半取决于什么呢？取决于有没有新的买入力量愿意在这个价位上接货，即有没有主动性买盘介入。一般来讲，股价跌无可跌时总有人去抄底，但有没有人愿意出稍高的价钱就不一定了。如果股价二次探底之时抛压减轻，但仍然无人肯接货，那么这个双重底形态可能会出问题，如果股价在悄无声息中慢慢跌破上次低点，探底就失败了。

只有当二次探底时抛压极轻，成交萎缩之后，又有人愿意重新介入该股，二次探底才能成功。在这种主动性买盘的推动下，股价开始上升，并以比第一次反弹更大的成交量向上突破，这个双重底形态才算成功。看盘高手会在股价第二次探底的时候就看得出这是否是一个成功的双重底，并立即做出买卖决定。但是我们建议大家等到双重底确认完成之后，即向上突破之后再介入该股，这样风险小得多。

严格意义上的双重底往往要一个月以上才能形成，但是，有许多短线高手乐于在小时图或15分钟图上寻找这种图形，这也是一种有效的短线操作方法。但要小心的是，一个分时图上的双重底形成之后，不能认为日线图上的趋势改变了，因为分时图上的形态能量不足以改变日线图的走势。

◎ 后市操作要点

当股价第二次探底成功后少量介入，在股价突破颈线位时加码买进。

◎ 实战解析

如图3－29所示，上海金陵（现名"华鑫股份"）在2007年10月随大盘直线下跌，从13元多跌到8元多，跌幅巨大。此后股价开始反弹，但缺乏成交量的配合，所以涨幅不大，在9元多又再次下跌，不过在前期低点附近获得支撑再次反弹。当反弹到前次高点时，成交量迅速放大，双重底形成了。投资者可以在股价放量突破颈线时积极介入。该股后市连续上涨，涨幅可观。

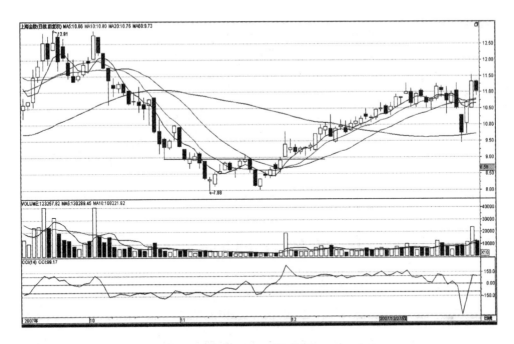

图 3－29　上海金陵（华鑫股份）　　　600621

十五、三重顶

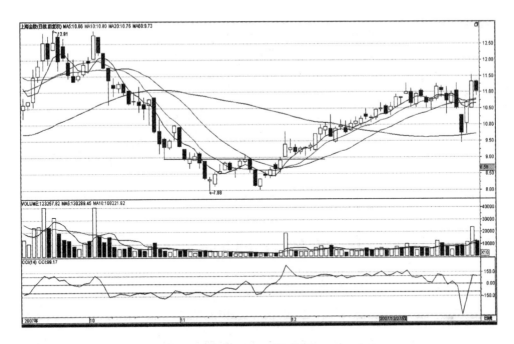
图形识别

任何头肩顶，特别是头部超过肩部不够多时，可称为三重顶。三重顶形态和双重顶十分相似，只是多一个顶，且各顶分得很开、很深，如图3－30所示。三重顶的成交量在上升期间一次比一次少。

股价上升一段时间后投资者开始获利回吐，股价在他们的沽售下从第一个峰顶回落。当股价落至某一区域即吸引了一些看好后市的投资者的兴趣，另外以前在高位沽出的投资者亦可能逢低回补，于是行情再度回升。但市场买气不是十分旺盛，当股价回复至前期高位附近，在一些减仓盘的

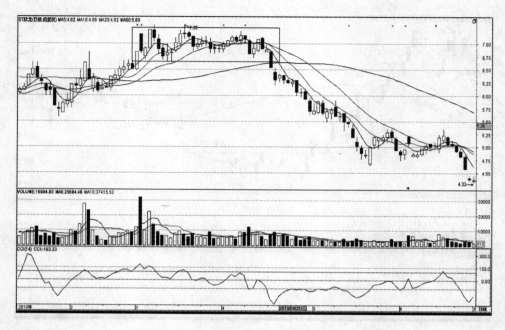

图3－30　ST欣龙（欣龙控股）　　000955

抛售下股价再度走软。股价回落到前一次回档的低点之时，被错过前一低点买进机会的投资者及短线客的买盘拉起。但由于高点二次都受阻而回，令投资者在股价接近前两次高点时都纷纷减仓。股价逐步下滑至前两次低点时一些短线买盘开始止蚀，此时若越来越多的投资者意识到大势已去，沽出手中筹码，令股价跌破上两次回落的低点（即颈线），整个三重顶形态便告形成。

　　三重顶的研判要牢记以下要点：

　　（1）三重顶的顶峰与顶峰或底谷与底谷的间隔距离与时间不必相等，同时三重顶的底部不一定要在相同的价位形成。

　　（2）三个顶点价格不必相等，大致相差3%以内就可以了。

　　（3）三重顶的第三个顶，成交量非常小时，即显示出下跌的征兆。

　　（4）从理论上讲，顶部越宽，反转力量越强。

◎ 后市操作要点

短线可以高抛低吸，但在股价击穿颈线位时要彻底清仓出局。

◎ 实战解析

如图 3 – 31 所示，渝三峡 A 在 2008 年 1 月底在 54 元附近见顶回落，在 44 元处获得支撑，股价再次上涨，但在前期高点附近再次遇阻回落，不过这次回落的幅度稍小，然后再次回升，当再次到达前期高点位置时，抛压加大，很多投资者看到股价无法突破也加入到抛售行列，股价迅速回落，一路狂跌至 28 元。

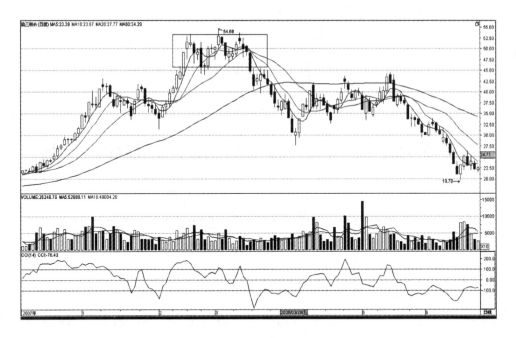

图 3 – 31　渝三峡 A　000565

对于三重顶走势，投资者要十分谨慎，一旦第三次回升无法突破前期高位就该减仓操作，如果击穿颈线则迅速清仓出局。

十六、三重底

图形识别

任何头肩底，特别是头部超过肩部不够多时，可称为三重底形。三重底形态和双重底十分相似，只是多一个底，且各底分得很开、很深，如图3-32所示。同时，成交量在上升期间一次比一次大。

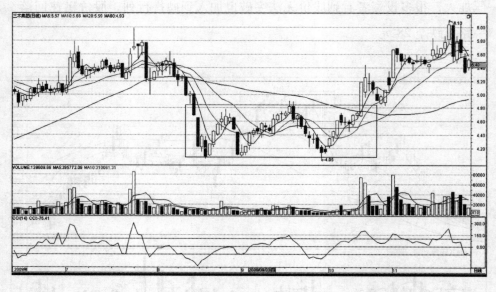

图3-32　三木集团　000632

三重底走势与三重顶走势完全相反。股价下跌一段时间后，由于股价的调整，使得部分胆大的投资开始逢低吸纳，而另一些高抛低吸的投资者亦部分回补，于是股价出现第一次回升。当升至某一水平时，前期的短线投机者及解套盘开始卖出，股价出现再一次回挫。当股价落至前一低点附近时，一些短线投资者又开始回补，同时由于市场抛压不重，股价再次回弹。当回弹至前次回升的交点附近时，前次未能获利而出的持仓者纷纷回吐，令股价重新回落。在前两次反弹的起点处买盘活跃，越来越多的投资者跟进买入，股价放量突破两次转折回调的高点（即颈线），三重底走势正式成立。

三重底的研判有以下要点：

（1）三重底之底部不一定要在相同的价位形成。

（2）三重底在第三个底部上升时，成交量大增，即显示出股价具有突破颈线的趋势。

（3）从理论上讲，三重底底部越宽，反转力量越强。

后市操作要点

在底部低位可以逢低吸纳，股价放量突破颈线位时积极介入。

实战解析

如图 3 - 33 所示，漳州发展在 2007 年 10 月经过一轮大幅下挫后，在

图 3 - 33　漳州发展　000753

5.4元止跌反弹，不过做多力量不足，所以很快又回落。股价回落到上次低点附近时再次反弹，同样在前期高点附近再次遇阻回落，然后第三次在同样低点附近止跌。再次反弹后，随着成交量的放大，股价突破前次高点位，此后一路上涨，涨幅可观。

因此，在股价放量突破三重底的颈线位置时买入是个不错的选择。

十七、圆顶

图形识别

圆顶的股价走势呈弧形上升，即虽然不断升高，但每一个高点上不了多少就回落。先是新高点逐个升高，后是回升点逐个降低，这样把短期高点连接起来，就形成一圆顶，如图3－34所示。在成交量方面也会有一个圆弧状。

经过一段买方力量强于卖方力量的升势之后，买方趋弱或仅能维持原来的购买力量，使涨势缓和，而卖方力量却不断加强，最后双方力量均衡，此时股价会保持没有上落的静止状态。如果卖方力量超过买方，股价就回落，开始只是慢慢改变，跌势不明显，到后期则由卖方完全控制市场，跌势便告转急，说明一个大跌市快将来临。那些先知先觉者在形成圆顶前离市，但在圆顶完全形成后，仍有机会撤离。

有时当圆顶头部形成后，股价并不马上下跌，只是反复横向发展形成徘徊区域，这个徘徊区称作碗柄。一般来说，这个碗柄很快便会被突破，股价继续朝着预期中的下跌趋势发展。

后市操作要点

在圆顶初步形成时减磅，在加速下跌的时候清仓出局。

图 3 – 34　酒鬼酒（ * ST 酒鬼）　　000799

实战解析

　　如图 3 – 35 所示，这是锌业股份在 2008 年初的走势图。该股在经过一段上涨之后，上涨的力度越来越小，成交量逐步萎缩，说明做多的意愿越来越弱。此后股价进入盘整状态，连续出现小阴小阳线。接着股价开始缓慢下跌，虽然偶尔也有上涨，但股价整体重心逐步下移。经过一个多星期的横盘，多方终于放弃，空方加大力量打压，连续拉出中阴线，股价迅速下挫。

　　当圆顶初步形成之时，投资者就应该及时减磅操作。如果股价加速下跌，应该及时清仓出局。

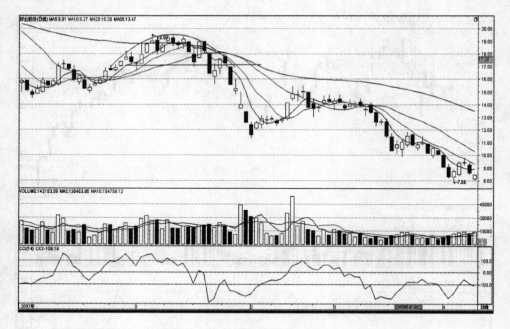

图 3 － 35　锌业股份　　000751

十八、圆底

图形识别

　　圆底是股价在经历长期下跌之后，跌势逐渐缓和，并最终停止下跌，在底部横盘一段时间后，又再次缓慢回升，终于向上发展的过程，如图3－36所示。我们说圆底是一个过程而不仅仅是一张图，由股价所描绘的图形仅仅是这个过程的表象而已。我们要认识和分析的，是这个过程中发生的种种事情，而不仅仅是表象。

　　股价从高位开始回落之初，人们对股价反弹充满信心，市场气氛依然热烈，因此，股价波动幅度在人们踊跃参与之下显得依然较大。但事实上，股价正在震荡中逐渐下行。不用多久，人们就发现在这时的市场中很难赚

图 3-36 焦作万方 000612

到钱，甚至还常常亏钱，因此参与市场的兴趣逐渐减小。而参与的人越少，股价更加要向下发展取得平衡。正是这种循环导致股价不断下跌，离场的人越来越多。

　　然而，当成交量越来越小的时候，经过长时间的换手整理，大家的持股成本也逐渐降低，这时候股价下跌的动力越来越弱，因为想离场的人已经离场了，余下的人即使股价再跌也不肯斩仓。这样，股价不再下跌。但是这时候也没有什么人想买进股票，大家心灰意冷。这种局面可能要持续相当长一段时间，形成了股价底部横盘的局面。

　　这种横盘要持续多久很难说，有时是几个月甚至几年，有时是几个星期，但这种局面早晚会被打破，而盘局打破的象征是股价开始小幅上扬，成交开始放大。这一现象的实质是市场上出现了新的买入力量，打破了原有的平衡，从而迫使股价上扬。

　　事情的发展总是循序渐进、水到渠成的，当新的买入力量持续增强的

时候，说明市场筑底成功，有向上发展的内在要求。于是形成了圆底的右半部分。

当股价在成交量放大的推动下向上突破时，这是一个难得的买入时机，因为圆底形成所耗时间长，所以在底部积累了较充足的动力，一旦向上突破，将会引起一段相当有力而持久的上涨。投资者这时必须果断，不要被当时虚弱的市场气氛吓倒。

◎ **后市操作要点**

在圆底初步形成阶段，伴随着成交量的放大，股价加速上涨的时候，投资者可积极参与做多。

◎ **实战解析**

如图 3－37 所示，这是 ST 东海 A（现名"大东海 A"）在 2008 年初的

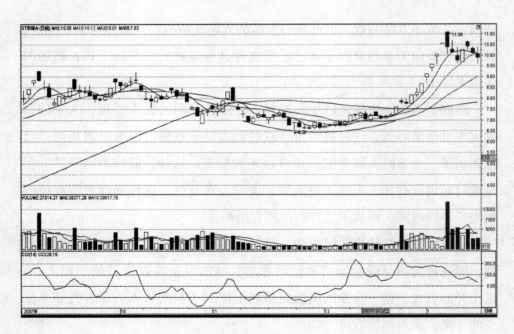

图 3－37　ST 东海 A（大东海 A）　　000613

走势图。该股在经过下跌之后，下跌的力度越来越小，成交量也逐步萎缩，说明下跌的动能已接近衰竭。当成交量极度萎缩的时候，股价终于停止下跌，进入横盘状态，小阴线、小阳线交错排列，但股价始终在一个水平线上。随后成交量温和放大，股价重心逐渐上移，终于有一天拉出了一条中阳线，说明多方力量得到明显加强，投资者可在此时积极介入做多。该股后来涨幅达到90％，收益可观。

十九、V 形

〇 图形识别

V 形形态可分为三个部分：

首先是下跌阶段：通常 V 形的左方跌势十分陡峭，在短时间内形成。

其次是转势点：V 形的底部十分尖锐，一般来说形成这个转势点的时间仅三两个交易日，而且成交量在低点附近明显增多。有时候转势点就在恐慌交易日中出现。

最后是回升阶段：股价从低点回升，成交量亦随之而增加。

在形成 V 形走势期间，上升（或是下跌）阶段有可能呈现变异，股价有一部分出现向横方向发展的成交区域，其后打破这一徘徊区，继续完成整个形态，这种形态称为伸延 V 形。

V 形的市场意义：由于市场中卖方的力量很大，令股价稳定而又持续地下挫，当这股做空力量消失之后，买方的力量完全控制整个市场，使得股价出现戏剧性的回升，几乎以下跌时同样的速度收复所有失地，因此股价的运行形成一个像 V 字般的移动轨迹。V 形是个转向形态，显示过去的趋势已逆转过来。

伸延 V 形在上升或下跌阶段出现横行的区域，这是因为形成这一形态期间，部分人士对形态没有信心，当这股力量被消化之后，股价又再继续

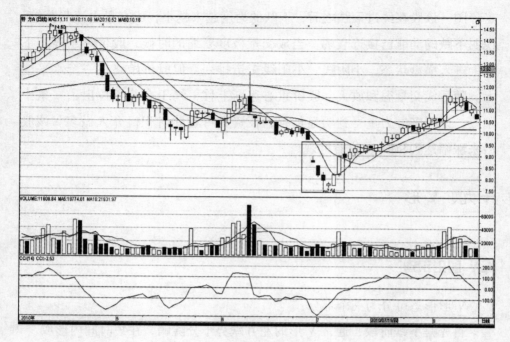

图 3－38　特力 A　000025

完成整个形态。

在出现伸延 V 形的徘徊区时，我们可以在徘徊区的低点买进，等待整个形态的完成。

伸延 V 形与 V 形具有同样的预测威力。

V 形的研判要点如下：

（1）V 形在转势点必须有明显成交量配合。

（2）股价在突破伸延 V 形的徘徊区顶部时，必须有成交量增加，在跌破伸延 V 形的徘徊底部时，则成交量不必增加。

◎ 后市操作要点

放量完成 V 形反转后积极介入。

实战解析

如图 3 – 39 所示，这是中材国际在 2008 年初的走势图。该股在 1 月份走势疲软，股价呈现明显的下降趋势，最后加速下跌，连续拉出中阴线，且成交量有所放大。奇怪的是不久股价即反转，成交量大幅放大，连续拉出中阳线。这就是典型的 V 形反转。积极的投资者可以在放量走出中阳线时介入。

图 3 – 39　中材国际　600970

二十、倒 V 形

图形识别

股价先是快速上涨然后迅速下跌，头部为尖顶，就像倒写的字母 V，

如图 3 - 40 所示。倒 V 形的顶部非常尖锐，通常在几个交易日内就形成了，而且转势点一般都伴随有较大的成交量。

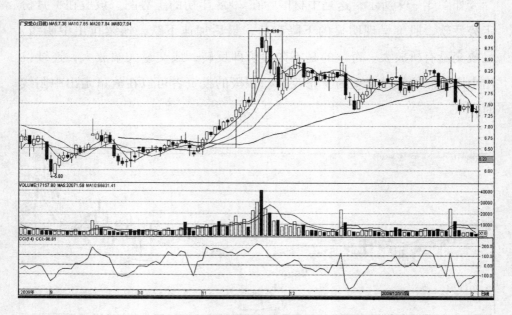

图 3 - 40　广安爱众　　600979

倒 V 形的市场意义：市场看好的情绪使得股价节节上升，短线买入的量越来越大，可是突如其来的一个因素扭转了整个趋势，做空力量瞬间堆积，股价以上升时同样的速度下跌，形成一个倒 V 形的移动轨迹。通常这一形态是由一些突如其来的因素造成的。

◎ 后市操作要点

倒 V 形形成初期减磅操作，重心下移时及时清仓出局。也可根据整体涨幅和指标趁早出局。

◎ 实战解析

如图 3 - 41 所示，这是莱钢股份在 2008 年初的走势图。该股在经过一段小幅缓慢上涨后，股价加速上涨，连续拉出中阳线和大阳线，说明多方做多力量强盛。但没有只涨不跌的股票，该股在拉出一条跳空的中阴线和十字线后，股价迅速下挫，从25.60元一直跌到19元附近才暂时站稳脚跟，整个走势是典型的倒V形形态。在股价整体涨幅已经很大的情况下，投资者应该在股价反转的第一时间清仓出局。该股30%的跌幅说明倒V形杀跌的动能有多么恐怖，投资者一定要提防这种形态。

图3-41　莱钢股份　600102

二十一、矩形

图形识别

矩形就是通常所说的箱体。矩形是由一连串在两条水平的上下界线之

间变动的股价形成的形态，如图 3 – 42 所示。价格上升到某水平时遇上阻力，掉头回落，但很快地便获得支持而回升，可是回升到上次同一高点时再一次受阻，而挫落到上次低点时则再得到支持。把这些短期高点和低点分别以直线连接起来，便可以绘出一条通道，这条通道既非上倾，亦非下降，而是平行发展，这就是矩形形态。

图 3 – 42　齐星铁塔　　002359

矩形走势反映的是实力相当的多空双方的竞争。多空双方的力量在该范围之内基本形成均衡状态，在此期间谁也占不了谁的便宜。看多的一方认为其价位是很理想的买入点，于是股价每次回落到该水平即买入，形成了一条水平的需求线。与此同时，另一批看空的投资者对股市没有信心，认为股价难以升越其水平，于是股价回升至该价位水平即卖出，形成一条平行的供给线。从另一个角度分析，矩形也可能是投资者因后市发展不明朗，投资态度变得迷惘和不知所措而造成的。所以，当股价回升时，一批对后市缺乏信心的投资者退出；而当股价回落时，一批憧憬着未来前景的投资者加进，由于双方实力相当，于是股价就来回在这一区域内波动。

一般来说，矩形是整理形态，在升市和跌市中都可能出现，突破上下界线后有买入和卖出的信号，涨跌幅度通常至少等于矩形本身高度。

矩形的研判有以下要点：

（1）矩形形成的过程中，除非有突发性的消息扰乱，其成交量应该是不断减少的。如果在形态形成期间，有不规则的高成交量出现，形态可能失败。当股价突破矩形上边线时，必须有成交量激增的配合，但若跌破下边线时，就不需高成交量的增加。

（2）矩形被突破后，股价经常出现反抽，这种情形通常会在突破后的三天至三星期内出现。反抽将止于上边线水平之上；往下跌破后的假性回升，将受阻于下边线水平之下。

（3）一个高低波幅较大的矩形形态比一个狭窄而长的矩形形态更具威力。

◉ 后市操作要点

股价突破上边线时买进，突破下边线时卖出。

◉ 实战解析

如图 3－43 所示，冀中能源在 2007 年底有个长时间的整理过程。该股股价在 26～30 元反复震荡，每次股价上升到 30 元就应声下落，阻力很大，而下跌到 26 元附近也获得了强劲的支撑，股价不再往下跌。如此反复多次，形成一个标准的矩形。2008 年 1 月 3 日，该股终于在成交量

的配合下突破了上边线，股价加速上升，一直到45.9元才见顶，涨幅达50％。

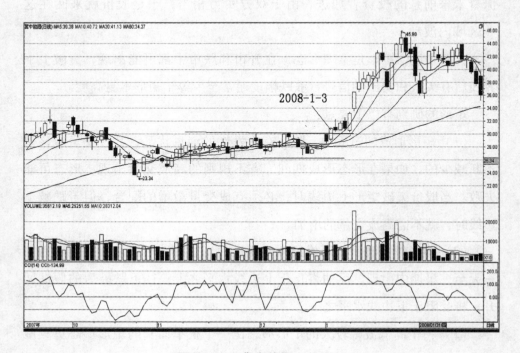

图 3 - 43　冀中能源　000937

对矩形的操作一定要注意股价的突破方向，然后决定操作策略。

如图 3 - 44 所示，霞客环保（现名"＊ST 霞客"）整体运行在下跌趋势中，这从长期平均线的走势就可以看得出。2010 年 2 月底该股走出一个矩形整理走势，股价在一个较小的区间上下震荡，如此反复了 2 个月之久。2010 年 4 月 28 日股价跌破矩形下边线。虽然当日股价只是小幅下跌，却是一个非常危险的信号。次日该股反抽确认跌破有效。此后该股股价一路走低，跌幅巨大，可谓惨烈。因此对股价击穿矩形下边线的个股要及时清仓出局，避免更大损失。

图 3 - 44　霞客环保（＊ST 霞客）　　002015

第二节　特殊技术图形的分析与运用

一、缺口

图形识别

1. 什么是缺口

缺口是指股价在快速大幅变动中有一段价格没有任何交易，显示在股价趋势图上是一个真空区域，这个区域称为"缺口"，通常又称为跳空，

如图 3 - 45 所示。当股价出现缺口后，经过几天甚至更长时间的变动，回到原来缺口的价位时，称为缺口的封闭，又称补空。

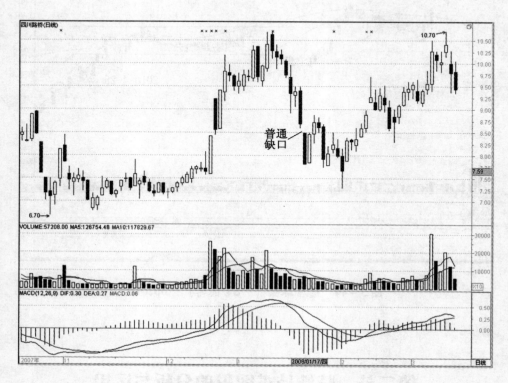

图 3 - 45　四川路桥　600039

缺口分普通缺口、突破缺口、持续性缺口与消耗性（竭尽）缺口等 4 种，如图 3 - 46 所示。从缺口发生的部位、大小，可以预测走势的强弱，确定是突破还是已到趋势之尽头，它是研判各种形态时最有力的辅助材料。

（1）普通缺口。

这类缺口通常在密集的交易区域中出现，因此，那些需要较长时间形成的整理或转向形态（如三角形、矩形等）中都可能有这类缺口形成。

（2）突破缺口。

突破缺口是当一个密集的反转或整理形态完成后，股价突破盘局时产

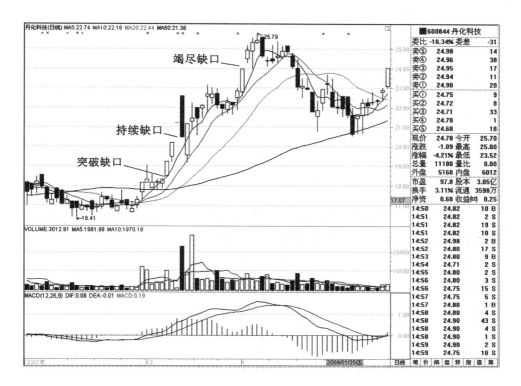

图 3-46　丹化科技　　600844

生的缺口。当股价以一个很大的缺口跳空远离形态时，这表示真正的突破已经形成了。因为普通的移动很少会产生缺口，同时缺口能显示突破的强劲性，突破缺口越大，表示未来的变动越强烈。

（3）持续性缺口。

在上升或下跌途中出现缺口，可能是持续性缺口。这种缺口不会和突破缺口混淆。任何离开形态或密集交易区域后的急速上升或下跌，所出现的缺口大多是持续性缺口。这种缺口可帮助我们估计未来后市波幅的幅度，因此亦称之为量度性缺口。

（4）消耗性缺口。

和持续性缺口一样，消耗性缺口伴随着快速的、大幅的股价波幅而出现。在急速的上升或下跌中，股价的波动越来越急，这时价格的跳升（或

跳位下跌）可能发生，此缺口就是消耗性缺口。

消耗性缺口大多在恐慌性抛售或消耗性上升的末段出现。

2．缺口的市场含义

（1）普通缺口并无特别的分析意义，一般在几个交易日内便会完全填补，它只能帮助我们辨认清楚某种形态的形成。普通缺口在整理形态时要比在反转型态时出现的机会大得多，所以当发现发展中的三角形和矩形有许多缺口时，就应该增强它是整理形态的信念。

（2）突破缺口的分析意义较大，经常在重要的转向形态如头肩式的突破时出现，这类缺口可帮助我们辨认突破信号的真伪。如果股价突破支撑线或阻力线后以一个很大的缺口跳离形态，可见突破十分强而有力，很少有错误发生。形成突破缺口的原因是其水平的阻力经过长时间的争持后，供给的力量完全被吸收，短时间内缺乏货源，买进的投资者被迫要以更高价求货。又或是其水平的支撑经过一段时间的供给后，购买力完全被消耗，沽出的需以更低价才能找到买家，因此便形成缺口。

假如缺口发生前有大的交易量，而缺口发生后成交量却相对减少，则有一半的可能不久缺口将被封闭；若缺口发生后成交量并未随着股价的远离缺口而减少，反而加大，则短期内缺口将不会被封闭。

（3）持续性缺口的技术性分析意义最大，它通常是在股价突破后远离形态至下一个反转或整理形态的中途出现，因此持续缺口能大概预测股价未来可能移动的距离，所以又称为量度缺口。其量度的方法是从突破点开始，到持续性缺口起点的垂直距离，就是未来股价将会达到的幅度。或者我们可以说：股价未来所走的距离，和过去已走的距离一样。

（4）消耗性缺口的出现，表示股价的趋势将暂告一段落。如果在上升途中出现，即表示很快将下跌；若在下跌趋势中出现，就表示即将回升。不过，消耗性缺口并非意味着市道必定出现转向，尽管意味着有转向的可能。

在缺口发生的当天或后一天若成交量特别大，而且趋势的未来似乎无法随成交量有大幅的变动时，这就可能是消耗性缺口。假如在缺口出现的后一天收盘价停在缺口之边缘，形成了一天行情的反转时，就更可确定这是消耗性缺口了。

消耗性缺口很少是突破前一形态大幅度变动过程中的第一个缺口，绝大部分的情形是它的前面至少会再现一个持续缺口。因此可以假设，在快速直线上升或下跌变动中期出现的第一个缺口为持续缺口，但随后的每一个缺口都可能是消耗性缺口，尤其是当这个缺口比前一个缺口空间距离大时，更应特别注意。

持续缺口是股价大幅变动中途产生的，因而不会在短时期内封闭，但是消耗性缺口是变动即将到达终点的最后现象，所以多半在短期内被封闭。

◎ 后市操作要点

（1）一般缺口都会填补。因为缺口是一段没有成交的真空区域，反映出投资者当时的冲动行为，当情绪平静下来时，投资者反省过去行为有些过分，于是缺口便告补回。其实并非所有类型的缺口都会填补，其中突破缺口、持续性缺口未必会填补，或者不会马上填补；只有消耗性缺口和普通缺口才可能在短期内填补。所以缺口填补与否对分析者观察后市的帮助不大。

（2）突破缺口出现后会不会马上填补？我们可以从成交量的变化中观察出来。如果在突破缺口出现之前有大量成交，而缺口出现后成交相对减少，那么迅即填补缺口的机会只有5%；但假如缺口形成之后成交量增加，股价在继续移动远离形态时仍保持大量的成交，那么缺口短期填补的可能便会很低了。

（3）股价在突破某区域时急速上升，成交量在初期放大，然后在上升中不断减少，当股价停止原来的趋势时成交量又迅速增加，这是多空双方激烈争持的结果，其中一方取得压倒性胜利之后，便形成一个巨大的缺口，

这时候成交量又再开始减少了。这就是持续性缺口形成时的成交量变化情形。

（4）消耗性缺口通常是在形成缺口的当天成交量最高（但也有可能在翌日出现最高成交量），接着成交量减少，显示市场购买力（或沽售力）已经消耗殆尽，于是股价很快便告回落（或回升）。

（5）在一次上升或下跌的过程里，缺口出现越多，显示其趋势越快接近终结。举个例子说，当升市出现第三个缺口时，暗示升市快告终结；当第四个缺口出现时，短期下跌的可能性极大。

⊙ 实战解析

如图 3-47 所示，哈飞股份（现名"中直股份"）在 2007 年 10～11 月

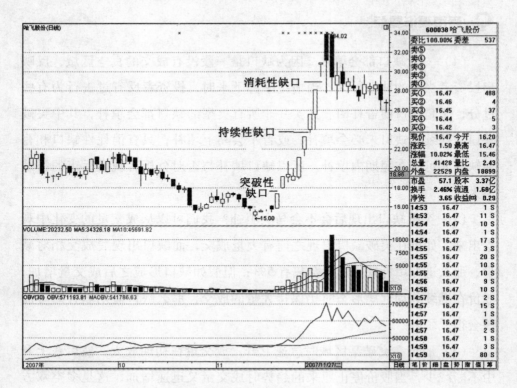

图 3-47　哈飞股份（中直股份）　　600038

有个较长时间的下跌，在 15 元附近终于获得支撑。经过 1 个星期盘整后股价终于开始启动，随着成交量的突然放大，拉出一条跳空的中阳线，形成突破性缺口，说明买盘极为强劲，投资者可以积极跟进做多。此后股价继续上涨。某日又出现一条跳空的中阳线，形成持续性缺口，预示着未来还应该有较大涨幅，投资者可以继续持股。此后股价加速上涨，连续拉 2 条大阳线，接着又是跳空高开，不过当日收出一条锤头线，形成消耗性缺口，预示着股价见顶了，投资者可以获利出局。次日该股放量拉出大阴线，庄家出货迹象很明显，后市继续下跌已经没有什么疑问了。

二、底部岛形反转

○ 图形识别

股价持续下跌一段时间后，在利空的打压下突然加速下跌，一般在开盘跳空向下，形成第一个缺口，然后，在底部小幅运行，震荡盘转，某一日突然跳空向上，形成第二个缺口，两边的缺口大约在同一价格区域，使底部的区域在图表上看来像一个岛屿，两边的缺口令这岛屿孤立于海洋之上，如图 3－48 所示，这就是底部岛形反转。有时候两边缺口所形成的"岛形"只由一个交易日造成，成交量在形成"岛形反转"期间会十分巨大。

底部岛形反转往往在市场一片看空股价时出现，投资者在当时的市场环境下已经处于高度恐慌之中，一有风吹草动，就想夺路而逃。但是卖出之后，股票又没有在预期之中继续大幅下跌，而平缓的盘整势又使投资者按捺不住产生买进的冲动，于是出现上涨缺口，开始一轮新的上涨行情。

图 3 – 48　中信海直　000099

◎ **后市操作要点**

在股价放量跳空向上时积极介入。

◎ **实战解析**

如图 3 – 49 所示，洪都航空在 2008 年 1 月连续下跌，跌幅甚大。某日股价突然跳空低开，留下一个缺口。第二天股价依然下挫。第三天股价转阳。第四天股价跳空高开，又留下一个缺口。两个缺口位置相似，恰好把下面下探的部分隔离开来，像一座孤岛。我们称之为底部岛形反转。底部岛形反转的成立还需要有足够的成交量支持，否则股价不足以就此反转。该股在跳空向上之日放出巨量，然后股价连续拉出涨停板，强悍之极。上升时量能放大说明主力做多意愿明显，甚至有点急不可耐。

图3-49 洪都航空 600316

三、顶部岛形反转

🔘 **图形识别**

股价往往先由低价盘升，当升到一定高度时，引起了大部分投资者的关注，跟风盘开始大量出现，投资者因为预期股价会出现大幅上涨而错失进入机会，在开盘时跳空向上抢货，于是股价出现向上跳空缺口。但股价运行到高位后，大量获利盘开始涌现，使得股价不能继续上升，于是在高位徘徊，等待确认形势如何发展。这种情况没有持续很久，突然之间，可能会出现一些利空消息，投资者从看好转为看空，恐慌出逃，开始跳空逃

跑，于是出现向下的跳空缺口，往往这个跳空向下的缺口与上次那个跳空向上的缺口，位置相差无几，如图3-50所示。顶部岛形反转正好与底部岛形反转相反，股价会结束上涨趋势，开始一轮大跌。

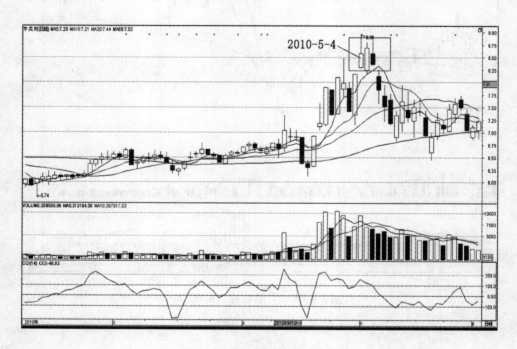

图3-50　中关村　000931

◎ **后市操作要点**

在顶部岛形反转形成之时，投资者要及早出局，规避大跌风险。

◎ **实战解析**

如图3-51所示，紫光股份在2010年4月21日跳空高开涨停，但在以后4天连续宽幅盘整。第五天该股大幅跳空低开，股价直往下落。回过头来看，一上一下两个跳空缺口位置相似，恰好把上面盘整的部分隔离开来，像一座孤岛。我们称之为顶部岛形反转。

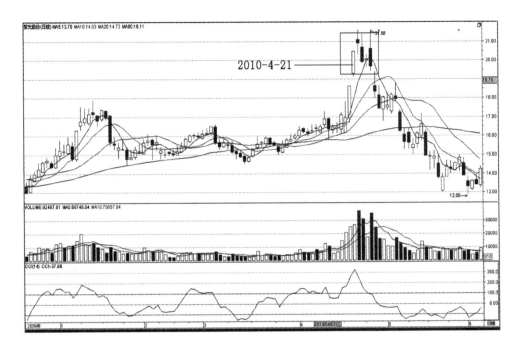

图3-51 紫光股份 000938

顶部岛形反转的成立还需要成交量的配合，否则反转很难成立。因为主力还在里面，股价焉有就此反转之理？该股在跳空上涨后连续放出巨量，但涨幅非常有限，甚至小幅下跌。这一切都说明主力在出货，反转只是时间问题。该股岛形反转后逐浪下跌，一发不可收拾。

岛型反转是非常可靠的买卖信号，投资者在顶部岛形反转形成后应该及时止损。

炒 股 经

趋势形成不容易立改变，一改变短期不易再改变。

低点不再屡破前低是涨，高点不再屡创新高是跌。

上涨常态不需预设压力，下跌常态不要预设支撑。

涨升是为了之后的跌挫，跌挫是为了之后的涨升。

上涨常态找变态卖空点，下跌常态找变态买补点。

涨升过程一定注意气势，跌挫过程不管有无本质。

上涨常态只买强不买弱，下跌常态只空弱不空强。

多头空头是一体的两面，如男孩女孩要平等看待。

涨就是涨顺势看涨说涨，跌就是跌顺势看跌说跌。

涨跌趋势都是我们朋友，懂得顺势就能成为好友。

（引自百度博客）

第四章

技术指标的分析与运用

各种技术分析指标没有优劣之分，能让你赚钱的技术分析指标就是好指标。如果你使用某一种技术分析指标多次赚钱，你就坚持使用下去。如果你使用这种技术分析指标多次亏钱，你就毫不犹豫地放弃它，再使用另一种指标。周而复始，你一定能找到让你赚钱的那一种。

第一节　威廉指标——W％R

第二节　中间意愿指标——CR

第三节　顺势指标——CCI

第四节　动量指标——MTM

第五节　三重指数平滑移动平均指标——TRIX

炒股经

第一节　威廉指标——W％R

W％R 又叫威廉超买超卖指标，简称威廉指标，是由拉瑞·威廉在 1973 年发明的，是目前股市技术分析中比较常用的短期研判指标。

一、W％R 指标的原理

威廉指标主要是通过分析一段时间内股价最高价、最低价和收盘价之间的关系，来判断股市的超买超卖现象，预测股价中短期的走势。它主要是利用震荡点来反映市场的超买超卖行为，分析多空双方力量的对比，从而提出有效的信号来研判市场中短期行为的走势。

威廉指标属于研究股价波幅的技术分析指标，在公式设计上和随机指标的原理比较相似，两者都是从研究股价波幅出发，通过分析一段时间股票的最高价、最低价和收盘价等这三者关系，来反映市场的买卖气势的强弱，借以考察阶段性市场气氛、判断价格和理性投资价值标准相背离的程度。

和股市其他技术分析指标一样，威廉指标可以运用于行情的各个周期的研判。虽然各周期的威廉指标的研判有所区别，但基本原理相差不多。如日威廉指标是表示当天的收盘价在过去的一段日子里的全部价格范围内所处的相对位置，把这些日子里的最高价减去当日收市价，再将其差价除以这段日子的全部价格范围就得出当日的威廉指标。

二、W％R 指标的一般研判标准

W％R 指标的一般研判标准主要是围绕 W％R 的数值大小、W％R 曲线形状等方面展开的。W％R 指标过于敏感，买卖信号发生非常频繁，产生骗线的机会也大增，这注定该指标只能作为辅助信号使用，必须结合DMI 或者 MACD 等指标一起运用。这一点投资者必须谨记。

1. W%R 数值的大小

和 KDJ 指标一样，W%R 的数值范围为 0～100。不同的是 W%R 指标是以 0 为顶部，以 100 为底部。

（1）当 W%R 在 20～0 区间时，是 W%R 指标的超买区，表明市场处于超买状态，股票价格已进入顶部，可考虑卖出。W%R＝20 这一横线，一般视为卖出线。

（2）当 W%R 进入 80～100 区间时，是 W%R 指标的超卖区，表明市场处于超卖状态，股票价格已近底部，可考虑买入。W%R＝80 这一横线，一般视为买入线。

（3）当 W%R 在 20～80 区间时，表明市场上多空暂时取得平衡，股票价格处于横盘整理之中，可考虑持股或持币观望。

（4）在具体实战中，当威廉曲线向上突破 20 超买线而进入超买区运行时，表明股价进入强势拉升行情，这是提醒投资者要密切关注行情的未来走势，只有当 W%R 曲线再次向下突破 20 线时，才为投资者提出预警，为投资者买卖决策提供参考。同样，当威廉曲线向下突破 80 超卖线而进入超卖区运行时，表明股价的强势下跌已经缓和，这也是提醒投资者可以为建仓做准备。而只有当 W%R 曲线再次向上突破 80 线时，投资者才可真正短线买入。

2. W%R 曲线的形状

（1）当 W%R 曲线从超卖区开始向上爬升，超过 80 这条买入线时，说明行情可能向上突破，是开始买入的信号。

（2）当 W%R 曲线从超买区开始向下回落，跌破 20 这条卖出线时，说明行情可能向下反转，是开始卖出的信号。

（3）当 W%R 曲线由超卖区向上突破 50 这条多空平衡线时，说明股

价涨势较强，可考虑短线加码买入。

（4）当W％R曲线由超买区向下突破50这条多空平衡线时，说明股价跌势较强，可考虑短线加码卖出。

三、W％R指标的特殊分析方法

W％R指标的背离是指W％R指标的曲线的走势正好和股价K线图上的走势正好相反。和其他技术分析指标一样，W％R指标的背离也分为顶背离和底背离两种。

1. 顶背离

当股价K线图上的股票走势一峰比一峰高，股价一直在向上涨，而W％R指标图上的W％R曲线的走势是在高位一峰比一峰低，这叫顶背离现象。顶背离现象一般是股价将高位反转的信号，表明股价短期内即将下跌，是比较强烈的卖出信号，如图4-1所示。

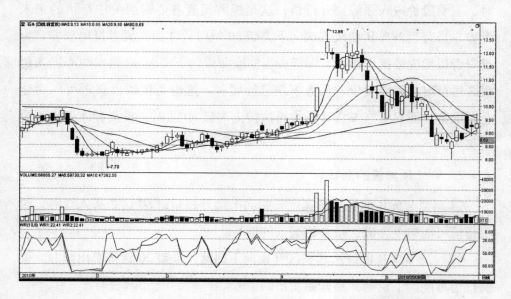

图4-1 宝石A（东旭光电） 000413

2．底背离

当股价 K 线图上的股票走势一峰比一峰低，股价在向下跌，而 W％R 指标图上的 W％R 曲线的走势是在低位一底比一底高，这叫底背离现象。底背离现象一般是股价将低位反转的信号，表明股价短期内即将上涨，是比较强烈的买入信号，如图 4－2 所示。

图 4－2 南京中北 000421

指标背离一般出现在强势行情中比较可靠。即股价在高位时，通常只需出现一次顶背离的形态即可确认行情的顶部反转，而股价在低位时，一般要反复出现多次底背离后才可确认行情的底部反转。

3．指标撞顶

指标撞顶和撞底的研判是威廉指标所独有的分析原则。由于威廉指标能较准确地提示超买超卖和判断强弱转化，可以测量一段时间内的股价高点和低点，提示有效的买卖信号，因此，威廉指标的撞顶和撞底研判有利

于投资者进行短线的买卖决策。

在上面威廉指标的一般研判标准中，我们讲到"20～0"和"80～100"是威廉指标的超买超卖区，但这并不意味着当威廉指标曲线进入超买超卖区后就要卖出和买入，只有当威廉曲线从高位向下突破超买线（20线）或从低位向上突破超卖线（80线）时，才能作出决策。在具体实战中，为了提高分析预测的准确程度，在此引进并深入诠释威廉指标撞顶和撞底的分析原则。

（1）指标撞顶的分析原则。

威廉指标撞顶的分析原则是指威廉曲线从低位上升到指标的超买区（20～0）后，经过一段时间的运行，曲线连续几次撞及指标的顶部（0线）时，会局部形成多重顶的形态，从而构成一个相当好的中短线卖点。这时投资者应密切注意指标的走势，当曲线完成几次撞顶后开始下跌，并向下突破威廉指标的重要买卖线之一的超买线（20线）时，预示着股价可能短线下跌，投资者应短线及时卖出股票，如图4－3所示。

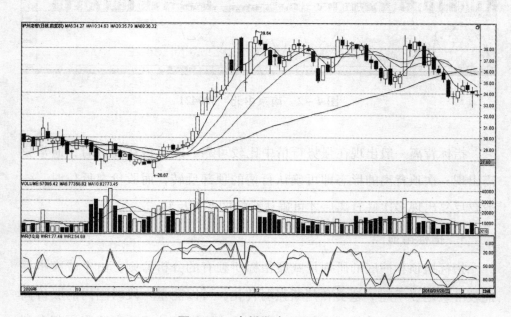

图 4－3　泸州老窖　000568

（2）指标撞顶的分析周期。

运用分析的威廉指标的参数不同，应采取不同的分析方法。参数越大，撞顶的可能性越小，次数也越少；参数越大，撞顶的可能性越大，次数也越多。具体的选择参数应有不同的分析。一般而言，从实战中来看，威廉指标研究参数可分为短期日参数、中期日参数和周参数等三种有效研判参数。这三种参数的威廉指标又有不同的分析意义。

①短期日参数的分析。

威廉指标的短期日参数主要是指 10 日以下的分析参数，如 3 日、6 日、9 日等。短期日参数的威廉指标一般适用于"四次撞顶"的研判。

以 6 日威廉参数为例。当威廉曲线在超买区内四次撞及 0 线，并局部形成四重顶的形态以后，如果股价前期累计已经有不少升幅，当威廉曲线向下突破超买线时，投资者应及时短线离场观望。

②中期日参数的分析。

威廉指标的中期日参数主要是指 20 日以下的分析参数，如 12 日、14 日、20 日等。中期日参数的威廉指标一般适用于"两次撞顶"（最多三次撞顶）的研判。

以 14 日威廉参数为例。当威廉曲线在超买区内两次（或三次）撞及 0 线，并局部形成双重顶（或三重顶）后，如果股价前期累计已经有不少升幅，当威廉曲线向下突破超买线时，投资者应及时短线离场观望。

③周参数的分析。

威廉指标的周参数主要是指 10 周以下的分析参数，如 3 周、6 周、9 周等。威廉指标的周参数不能取得过大，因为一周交易一般包含 5 个交易日，因此，N 周参数就相当于 5N 日参数，如 3 周就是 15 日。而威廉指标的选择参数过大，威廉指标的信号就过于迟钝，就无法起到预示短期顶部的功能。而且，威廉指标的选择参数过大，威廉曲线就存在没撞顶就回头向下的可能，从而，对威廉指标撞顶的研判就会失去意义。

威廉指标周参数适用于"一次撞顶"的研判。以 6 周威廉参数为例。

当威廉曲线在超买区内撞及0线后，一直在超买区内运动时，投资者可以观望，而一旦威廉曲线向下突破超买线时，投资者应坚决短线离场观望。

这里需要指出的是，对于短线急升的股票，如果威廉指标在一次触顶后就往下突破，也不要局限于威廉指标的几次见顶原则，只要威廉曲线向下突破超买线就可短线卖出。

4．指标撞底

（1）指标撞底的分析原则。

威廉指标撞底的分析原则是指威廉曲线从高位回落到指标的超卖区（80～100）后，经过一段时间的运行，曲线连续几次撞及指标的底部（100线）时，会形成局部的多重底形态，从而构成一个比较好的中短线买点。这时投资者也应及时注意指标的走势，当曲线完成几次撞底后开始上升，并向上突破威廉指标的重要买卖线之一的超卖线（80线）时，预示着股价短线可能上涨，投资者应及时的买入股票（如图4-4所示）。

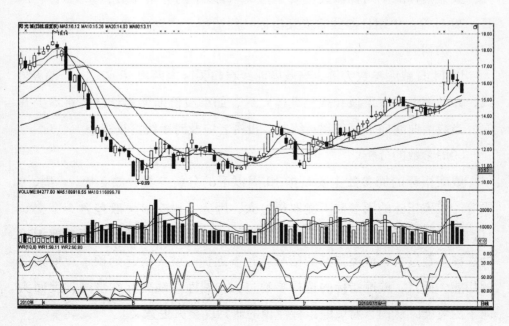

图4-4　阳光城　000671

（2）指标撞底的分析周期。

和指标撞顶一样，从实战中来看，威廉指标研究参数也分为短期日参数、中期日参数和周参数等 3 种有效研判参数。这 3 种参数的威廉指标又有不同的分析意义。

①短期日参数的分析。

威廉指标的短期日参数主要是指 10 日以下的分析参数，如 3 日、6 日、9 日等。短期日参数的威廉指标一般适用于"四次撞底"的研判。

以 6 日威廉参数为例。当威廉曲线在超买区内四次撞及 0 线，并局部形成四重底以后，如果股价前期累计跌幅很大，当威廉曲线向上突破超卖线时，投资者应及时买进股票、做反弹行情。

②中期日参数的分析。

威廉指标的中期日参数主要是指 20 日以下的分析参数，如 12 日、14 日、20 日等。中期日参数的威廉指标适用于"两次撞底"（最多三次撞底）的研判。

以 14 日威廉参数为例。当威廉曲线在超卖区内两次（或三次）撞及 0 线，并局部形成双重底（或三重底）以后，如果股价前期累计已经有不少跌幅，当威廉曲线向下突破超买线时，投资者应及时短线买入股票。

③周参数的分析。

威廉指标的周参数主要是指 10 周以下的分析参数，如 3 周、6 周、9 周等。和威廉指标的撞顶分析一样，用来研判撞底的威廉指标的周参数也不能取得过大，威廉指标的选择参数过大，威廉指标的信号就过于迟钝，就无法起到预示短期底部的功能。而且，威廉指标的选择参数过大，威廉曲线就存在没撞底就掉头向上的可能，从而，威廉指标撞底的研判就失去意义。

威廉指标周参数适用于"一次撞底"的研判。以 6 周威廉参数为例。当威廉曲线撞及 0 线并形成一次底后，一直在超买区内运动时，投资者可以观望，而一旦威廉曲线向上突破超卖线时，投资者应及时买入股票。

5．威廉指标最佳参数的选择及买卖决策

（1）如果取 6 日为短期威廉指标的参数，则当威廉指标数值小于 15时，就可归为威廉指标的短期超买，是短线卖出信号。

（2）如果取 6 日为短期威廉指标的参数，则当威廉指标数值大于 85时，就可归为威廉指标的短期超卖，是短线买入信号。

（3）如果取 20 为中期威廉指标的参数，则当威廉指标数值小于 20 时，就可归为威廉指标的中期超买，是中线卖出信号。

（4）如果取 20 日为中期威廉指标的参数，则当威廉指标数值大于 80时，就可归为威廉指标的中期超卖，是中线买入信号。

（5）如果取 70 日为长期威廉指标的参数，则当威廉指标数值小于 10时，就可归为威廉指标的长期超买，是长线卖出信号。

（6）如果取 70 日为长期威廉指标的参数，则当威廉指标数值大于 90时，就可归为威廉指标的长期超卖，是长线买入信号。

四、W％R 指标的实战技巧

和其他指标相比，W％R 指标是比较适合用于股票中短线投资的研判，它的构造也比较简单，在股市分析软件上，有的是由短、中、长等 3 条不同周期的曲线组成，有的是由 1 条 W％R 曲线组成。

1．买卖信号

（1）当 W％R 曲线在 50 附近盘整了较长一段时间以后，一旦 W％R曲线由下向上突破 50 这条线，同时股价也放量突破中长期均线，则意味股票中期强势行情即将开始，这是 W％R 指标发出的中线买入信号。此时，投资者可以开始买进股票。如图 4－5 所示。

（2）当 W％R 曲线从 50（或 40）附近快速向上飙升、股价也依托短期均线向上扬升，一旦 W％R 曲线向上突破 20 这条线，则意味着股票短期

图 4 - 5　华神集团　000790

强势行情即将开始，这是 W%R 指标发出的短线买入信号。此时，投资者可以短线买进股票。如图 4 - 6 所示。

（3）当 W%R 曲线从 20 上方向下滑落，一旦 W%R 曲线接着向下又突破了 40 以后，如果股价同时也跌破短、中期均线，则意味着股票的短期强势行情可能结束，这是 W%R 曲线发出的短线卖出信号。此时，投资者应及时卖出股票。如图 4 - 7 所示。

（4）当 W%R 曲线从上向下缓慢跌破 50 这条线时，如果股价也同时跌破了中、长期均线，则意味股票的中期弱势行情已经开始，这是 W%R 指标发出的中线卖出信号。如果股价是前期大涨过的股票，这种卖出信号更加准确。如图 4 - 8 所示。

2. 持股持币信号

（1）当 W%R 曲线一直运行在 20 线上方，同时股价也依托中短期均线强势上攻时，则表明股价处于极强势的上涨行情，这是 W%R 指标发出的短线持股看涨信号，投资者应坚决持股待涨。如图 4 - 9 所示。

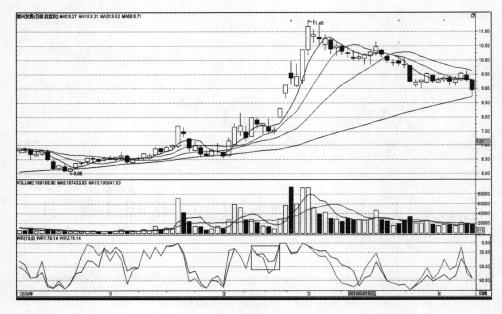

图4-6　漳州发展　000753

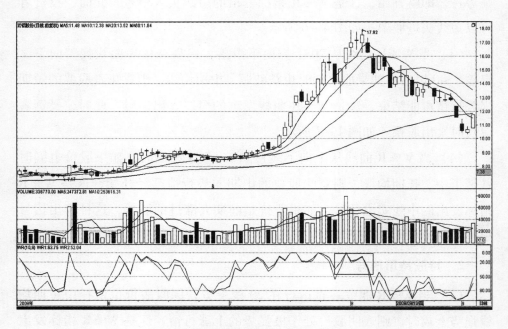

图4-7　云铝股份　000807

图 4-8 江淮动力（智慧农业） 000816

图 4-9 超声电子 000823

（2）当 W％R 曲线向下突破 50 线以后，一直运行在 50 线下方，同时股价也被中短期均线压制下行时，则表明股价的中期弱势趋势形成，这是 W％R 指标发出的持币待涨信号。此时，投资者应坚决持币观望。如图 4－10所示。

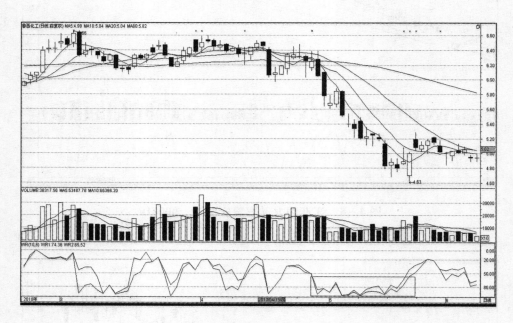

图 4－10　鲁西化工　　000830

第二节　中间意愿指标——CR

　　CR 指标又叫中间意愿指标，它和 AR、BR 指标有很多相似之处，但更有自己独特的研判功能，是分析股市多空双方力量对比、把握买卖股票时机的一种中长期技术分析工具。

一、CR 指标的原理

CR 指标同 AR、BR 指标有很多相似的地方，如计算公式和研判法则等，但它与 AR、BR 指标最大不同的地方在于理论的出发点有不同之处。CR 指标的理论出发点是：中间价是股市最有代表性的价格。

为避免 AR、BR 指标的不足，在选择计算的均衡价位时，CR 指标采用的是上一计算周期的中间价。理论上，比中间价高的价位其能量为"强"，比中间价低的价位其能量为"弱"。CR 指标以上一个计算周期（如 N 日）的中间价比较当前周期（如日）的最高价、最低价，计算出一段时期内股价的"强弱"，从而在分析一些股价的异常波动行情时，有其独到的功能。

另外，CR 指标不但能够测量人气的热度、价格动量的潜能，而且能够显示出股价的压力带和支撑带，为分析预测股价未来的变化趋势，判断买卖股票的时机提供重要的参考。

二、CR 指标的一般研判标准

CR 指标的一般研判标准主要集中在 CR 数值的取值范围、CR 指标曲线的形态以及 CR 指标曲线与股价曲线的配合等方面来考察。

1. CR 指标的取值

（1）从 CR 的计算公式我们可以看出，CR 指标很容易出现负值，但按通行的办法，在 CR 指标研判中，一旦 CR 数值出现负值，一律当成 0 对待。

（2）和 AR、BR 指标一样，CR 值为 100 时也表示买卖呈平衡状态。

（3）当 CR 数值在 75~125（有的设定为 80~150）波动时，表明股价属于盘整行情，投资者应以观望为主。

（4）在牛市行情中（或对于牛股），当 CR 数值大于 300 时，表明股价已经进入高价区，可能随时回档，应择机抛出。

（5）对于反弹行情而言，当 CR 数值大于 200 时，表明股价反弹意愿已经到位，可能随时再次下跌，应及时离场。

（6）在盘整行情中，当 CR 数值在 40 以下时，表明行情调整即将结束，股价可能随时再次向上，投资者可及时买进。

（7）在熊市行情末期，当 CR 数值在 30 以下时，表明股价已经严重超跌，可能随时会反弹向上，投资者可逢低吸纳。

（8）CR 指标对于高数值的研判的准确性要高于对低数值的研判。即提示股价进入高价位区的能力比提示低价位区强。

2. CR 指标曲线的形态

CR 指标的形态的研判主要是针对 CR 曲线在顶部和低部出现的不同形态而言的。

（1）当 CR 曲线在高位形成 M 头或三重顶等顶部反转形态时，可能预示着行情由强势转为弱势，股价即将大跌（特别是对于前期涨幅过大的股票），如果股价的 K 线也出现同样形态则更可确认，其跌幅可以用 M 头或三重顶形态理论来研判，如图 4 - 11 所示。

（2）当 CR 曲线在低位出现 W 底或三重底等底部反转形态时，可能预示着行情由弱势转为强势，股价即将反弹向上，如果股价 K 线也出现同样形态则更可确认，其涨幅可以用 W 底或三重底等形态来判断，如图 4 - 12 所示。

（3）相对而言，CR 指标的高位 M 头或三重顶的判断的准确性要比其底部的 W 底或三重底要高。

3. CR 曲线与股价曲线配合使用

在一定程度上，CR 指标具有领先股价走势的示警作用，尤其是在股价见顶或筑底方面，能比股价曲线领先出现征兆。若股价曲线与 CR 指标曲

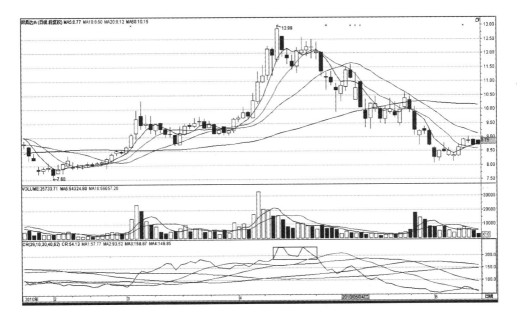

图 4 – 11　深桑达 A　000032

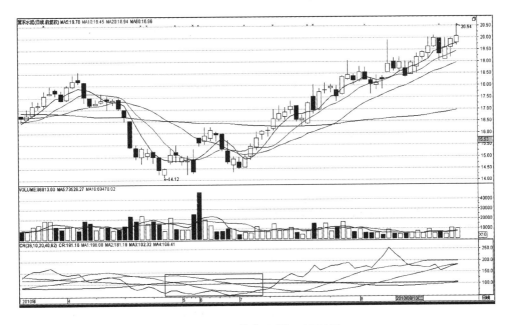

图 4 – 12　冀东水泥　000401

线之间出现背离现象，则可能预示着股价走势即将反转。CR 指标曲线与股价曲线的配合使用主要是从以下几方面进行的。

（1）当 CR 指标曲线节节向上攀升，而股价曲线也同步上升，则意味着股价走势是处于强势上涨的阶段，股价走势将维持向上攀升的态势，投资者可坚决持股待涨。

（2）当 CR 指标曲线继续下跌，而股价曲线也同步下跌，则意味着股价走势处于弱势下跌的阶段，弱势格局难以改变，此时，投资者应以持币观望为主。

（3）当 CR 指标曲线开始从高位掉头向下回落，而股价曲线却还在缓慢向上扬升，则意味着股价走势可能出现"顶背离"现象，特别是股价刚刚经历过了一段比较大涨幅的上升行情以后。当 CR 指标曲线在高位出现"顶背离现象"后，投资者应及时获利了结，如图 4 – 13 所示。

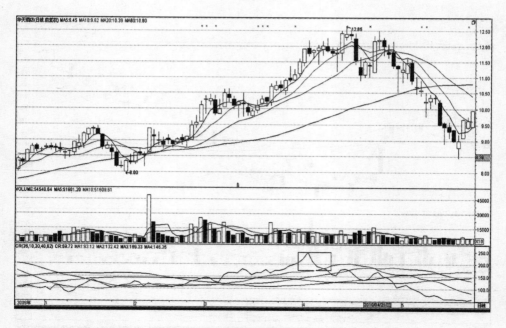

图 4 – 13   华天酒店   000428

（4）当 CR 指标曲线从底部开始向上攀升，而股价曲线却继续下跌，则意味着股价走势可能出现"底背离"现象，特别是股价前期经过了一轮时间比较长、跌幅比较大的下跌行情以后。当 CR 指标曲线在底部出现"底背离"现象以后，投资者可以少量分批建仓，如图 4-14 所示。

图 4-14 　中天城投　000540

（5）CR 指标对"顶背离"研判的准确性要远远高于对"底背离"的研判。

三、CR 指标的实战技巧

CR 指标的实战技巧主要集中在 CR 指标的 CR 曲线与 MA1、MA2、MA3、MA4 等这 4 条曲线的交叉情况，以及 CR 曲线所处的位置和运行方向等两个方面。

1．买卖功能

（1）当CR指标中的CR曲线与MA1、MA2、MA3、MA4这4条曲线在100附近一段狭小的区域内盘整、并拢，一旦CR曲线先后向上突破了这4条曲线，并且股价也带量向上突破了中长期均线时，表明股价的中低位盘整已经结束，强势上涨特征开始凸现，这是CR指标的买入信号。此时，投资者应及时中短线买进股票。如图4－15所示。

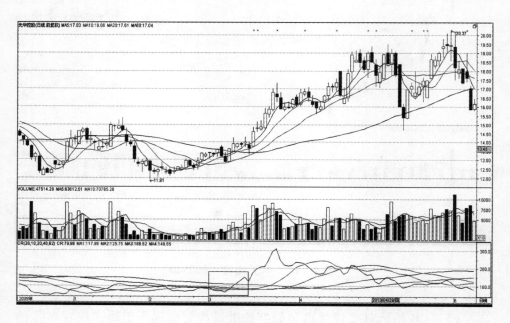

图4－15　光华控股（金圆股份）　　000546

（2）当CR指标中的CR曲线与MA1、MA2、MA3、MA4这4条曲线在100附近一段狭小的区域内盘整、并拢，一旦CR曲线先后向下突破了这4条曲线，并且股价也向下突破了中长期均线时，表明股价的高位盘整已经结束，弱势下跌特征已经出现，这是CR指标的卖出信号。如果是近期涨幅已经较大的股票，这种卖出信号更加明显。此时，投资者应及时清仓离场。如图4－16所示。

图 4 – 16 沙隆达 A 000553

2. 持股持币信号

（1）当 CR 指标中的 CR 曲线向上突破了 MA1、MA2、MA3、MA4 这 4 条曲线中的最后一条曲线后，一路向上运行，同时股价也依托短期均线向上扬升时，表明股价的短期强势上涨的行情已经开始，这是 CR 指标发出的持股待涨信号。此时，投资者应坚决短线持股。如图 4 – 17 所示。

（2）当 CR 指标中的 CR 曲线向下突破了 MA1、MA2、MA3、MA4 这 4 条曲线中的最后一条曲线后，一路向下运行，同时股价也被中短期均线压制下行时，表明股价的中长期弱势下跌的行情已经开始，股价将一路下跌，这是 CR 指标发出的比较明显的持币观望信号。此时，投资者应坚决持币观望。如图 4 – 18 所示。

图4－17　西安民生　000564

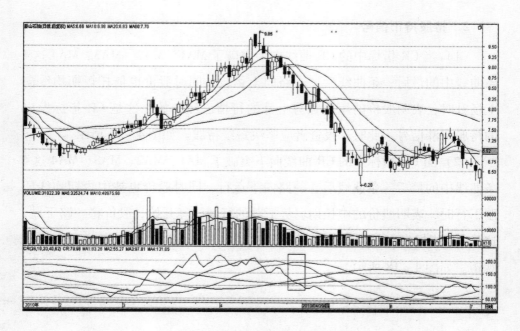

图4－18　泰山石油　000554

第三节 顺势指标——CCI

CCI指标又叫顺势指标，其英文全称为"Commodity Channel Index"，是由美国股市分析家唐纳德·蓝伯特（Donald Lambert）于20世纪80年代所创造的，是一种重点研判股价偏离度的股市分析工具。

一、CCI指标的原理

CCI指标是一种比较新颖的技术指标。它最早是用于期货市场的判断，后运用于股票市场的研判，并被广泛使用。与大多数单一利用股票的收盘价、开盘价、最高价或最低价而发明出的各种技术分析指标不同，CCI指标是根据统计学原理，引进价格与固定期间的股价平均区间的偏离程度的概念，强调股价平均绝对偏差在股市技术分析中的重要性，是一种比较独特的技术分析指标。

CCI指标专门衡量股价是否超出常态分布范围，属于超买超卖类指标的一种，但它与其他超买超卖型指标相比又有独特之处。像KDJ、W％R等大多数超买超卖型指标都有"0～100"上下界限，因此，它们对待一般常态行情的研判比较适用，而面对那些短期内暴涨暴跌的股票的价格走势时，就可能会发生指标钝化的现象。而CCI指标却是波动于正无穷大到负无穷大之间，因此不会出现指标钝化现象，这样就有利于投资者更好地研判行情，特别是那些短期内暴涨暴跌的非常态行情。

二、CCI指标的一般研判标准

CCI指标对于研判非常态行情的走势具有独到的功能。它的一般分析方法主要集中在CCI区间的划分、CCI区间的判断等方面。

1. CCI 指标区间的划分

大部分股市分析软件上，CCI 指标的分析区间集中在 −100 ～ +100 线之间，也有一部分股市分析软件上把 CCI 指标的分析区间扩大到 −200 ～ +200 线。为了让投资者便于理解，在下面章节中，关于 CCI 的研判我们还是以 −100 ～ +100 线为 CCI 指标的分析区间。

（1）按市场的通行的标准，CCI 指标的运行区间可分为三大类：大于 +100 线、小于 −100 和 +100 ～ −100 线之间。

（2）当 CCI > +100 线时，表明股价已经进入非常态区间——超买区间，股价的异动现象应多加关注。

（3）当 CCI < −100 线时，表明股价已经进入另一个非常态区间——超卖区间，投资者可以逢低吸纳股票。

（4）当 CCI 介于 +100 ～ −100 线之间时表明股价处于窄幅震荡整理的区间——常态区间，投资者应以观望为主。

2. CCI 指标区间的判断

（1）当 CCI 指标从下向上突破 +100 线而进入非常态区间时，表明股价脱离常态而进入异常波动阶段，中短线应及时买入，如果有比较大的成交量配合，买入信号则更为可靠。

（2）当 CCI 指标从上向下突破 −100 线而进入另一个非常态区间时，表明股价的盘整阶段已经结束，将进入一个比较长的寻底过程，投资者应以持币观望为主。

（3）当 CCI 指标从上向下突破 +100 线而重新进入常态区间时，表明股价的上涨阶段可能结束，将进入一个比较长时间的盘整阶段。投资者应及时逢高卖出股票。

（4）当 CCI 指标从下向上突破 −100 线而重新进入常态区间时，表明股价的探底阶段可能结束，又将进入一个盘整阶段。投资者可以逢低少量买入股票。

（5）当 CCI 指标在 +100 线～ -100 线的常态区间运行时，投资者则可以用 KDJ、CCI 等其他超买超卖指标进行研判。

三、CCI 指标的特殊研判方法

CCI 指标的特殊研判方法主要集中在 CCI 指标的背离、CCI 曲线的形状、CCI 曲线的走势以及 CCI 指标的参数修改等四个方面。

1. CCI 指标的背离

CCI 指标的背离是指 CCI 指标曲线的走势和股价 K 线图的走势方向正好相反。CCI 指标的背离分为顶背离和底背离两种。

（1）顶背离。

当 CCI 曲线处于远离 +100 线的高位，但它在创出近期新高后，CCI 曲线反而形成一峰比一峰低的走势，而此时 K 线图上的股价却再次创出新高，形成一峰比一峰高的走势，这就是顶背离。顶背离现象一般是股价在高位即将反转的信号，表明股价短期内即将下跌，是卖出信号。

在实际走势中，CCI 指标出现顶背离是指股价在拉升过程中，先创出一个高点，CCI 指标也相应在 +100 线以上创出新的高点。之后，股价出现一定幅度的回落调整，CCI 曲线也随着股价回落走势出现调整。但是，如果股价再度向上并超越前期高点创出新的高点时，而 CCI 曲线随着股价上扬也反身向上，但没有冲过前期高点就开始回落，这就形成 CCI 指标的顶背离。CCI 指标出现顶背离后，股价见顶回落的可能性较大，是比较强烈的卖出信号（如图 4 - 19 所示）。

（2）底背离。

CCI 的底背离一般是出现在远离 - 100 线以下的低位区。当 K 线图上的股价一路下跌，形成一波比一波低的走势，而 CCI 曲线在低位却率先止跌站稳，并形成一底比一底高的走势，这就是底背离。底背离现象一般预示着股价短期内可能反弹，是短期买入的信号（如图 4 - 20 所示）。

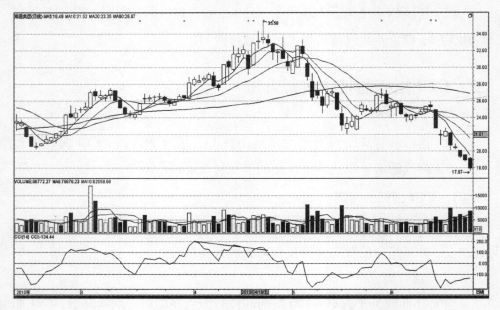

图4-19　海通集团（亿晶光电）　600537

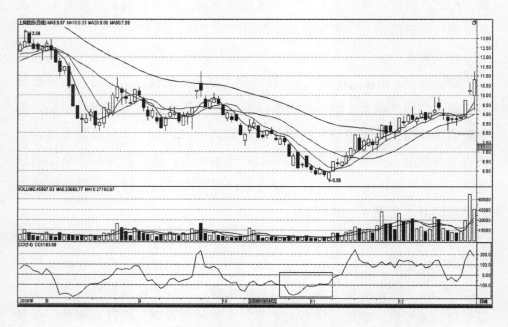

图4-20　上柴股份　600841

与 MACD、KDJ 等指标的背离现象研判一样，CCI 的背离中，顶背离的研判准确性要高于底背离。当股价在高位，CCI 在远离 +100 线以上出现顶背离时，可以认为股价即将反转向下，投资者可以及时卖出股票，而股价在低位，CCI 也在远离 −100 线以下低位区出现底背离时，一般要反复出现几次底背离才能确认，并且投资者只能做战略建仓或做短期投资。

2. CCI 曲线的形状

CCI 曲线出现的各种形态也是判断行情走势、决定买卖时机的一种分析方法。

（1）当 CCI 曲线在远离 +100 线上方的高位时，如果 CCI 曲线的走势形成 M 头或三重顶等顶部反转形态，可能预示着股价由强势转为弱势，股价即将大跌，应及时卖出股票。如果股价的曲线也出现跟 CCI 曲线同样的形态则更可确认，其跌幅可以用 M 头或三重顶等形态理论来研判，如图 4−21 所示。

图 4−21　ST 康达尔（康达尔）　000048

（2）当 CCI 曲线在远离 –100 线下方的低位时，如果 CCI 曲线的走势出现 W 底或三重底等底部反转形态，可能预示着股价由弱势转为强势，股价即将反弹向上，可以逢低少量吸纳股票。如果股价曲线也出现跟 CCI 曲线同样形态更可确认，其涨幅可以用 W 底或三重底形态理论来研判，如图 4 – 22 所示。

图 4 – 22　伊力特　　600197

（3）CCI 曲线的形态中 M 头和三重顶形态的准确性要大于 W 底和三重底。

3. CCI 曲线的走势

（1）当 CCI 曲线向上突破 +100 线而进入非常态区间时，表明股价开始进入强势状态，投资者应及时买入股票。

（2）当 CCI 曲线向上突破 +100 线而进入非常态区间后，只要 CCI 曲线一直朝上运行，就表明股价强势依旧，投资者可一路持股待涨。

（3）当 CCI 曲线在 +100 线以上的非常态区间，在远离 +100 线的地方开始掉头向下时，表明股价的强势状态将难以维持，是股价比较强的转势信号。如果前期的短期涨幅过高时，更可确认。此时，投资者应及时逢高卖出股票。

（4）当CCI曲线在+100线以上的非常态区间，在远离+100线的地方处一路下跌时，表明股价的强势状态已经结束，投资者还应以逢高卖出股票为主。

（5）当CCI曲线向下突破-100线而进入另一个非常态区间时，表明股价的弱势状态已经形成，投资者应以持币观望为主。

（6）当CCI曲线向下突破-100线而进入另一个非常态区间后，只要CCI曲线一路朝下运行，就表明股价弱势依旧，投资者可一路观望。

（7）当CCI曲线向下突破-100线而进入另一个非常态区间，如果CCI曲线在超卖区运行了相当长的一段时间后开始掉头向上，表明股价的短期底部初步找到，投资者可少量建仓。CCI曲线在超卖区运行的时间越长，越可以确认短期的底部。

4．参数的修改

从CCI指标的计算方法可以看出CCI指标也是以时间为参数，构成参数的时间周期可以是日、月或周、年、分钟等，而这些时间周期又根据股票上市时间的长短和投资者的取舍，理论上可以采取任意的时间长度。在大部分主流的股市分析软件（如钱龙、分析家）中，各种时间周期的变动范围又大多数都被限定在1~99内，如1~99、1~99周等。也有一些股市分析软件对参数的设定扩大到1~999的范围，但这部分的软件比较少。

从CCI指标的实际运用来看，大多数投资者所选择的时间周期参数为日，而日CCI指标参数的使用，又大多局限在6日和12日等少数几个参数上。如果按照这些短期时间参数来分析股票走势，其CCI指标所得出的数值的变动范围大部分是在-100~+100，而且波动频率过于繁琐。和其他技术分析指标一样，在这么一个狭小空间里想用CCI曲线来比较准确地研判行情走势实属不易，因此，投资者应充分利用各类股市分析上所提供的各种短中长期日参数，结合K线、均线等股市理论来综合研判股票走势。

四、CCI 指标的实战技巧

和其他指标相比，CCI 指标的构造比较简单，它的研判主要是集中在 CCI 曲线所处的位置及运行方向上。下面我们就以 14 日 CCI 指标为例，来揭示 CCI 指标的买卖和观望功能。

1. 买卖信号

（1）当 14 日 CCI 曲线向上突破 + 100 （数值或线、下同），而进入非常态区间时，表明股价开始进入强势拉升状态，这是 CCI 指标发出的买入信号。此时，投资者应及时买入股票，特别是对于那些股价带量突破中长期均线的股票，这种买入信号更加准确。如图 4 – 23 所示。

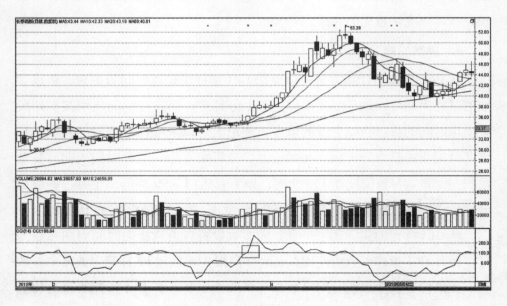

图 4 – 23　长春高新　000661

（2）当 14 日 CCI 曲线从上向下突破 + 100 线而重新进入常态区间时，表明股价的上涨阶段可能结束，将进入一个比较长时间的盘整阶段。投资者应及时逢高卖出股票。如果 CCI 曲线继续下滑并跌破 - 100 线后，表明股价即将进入加速下跌阶段，这是 CCI 指标发出的中线卖出信号。此时，投资者应及时清仓离场。如图 4 - 24 所示。

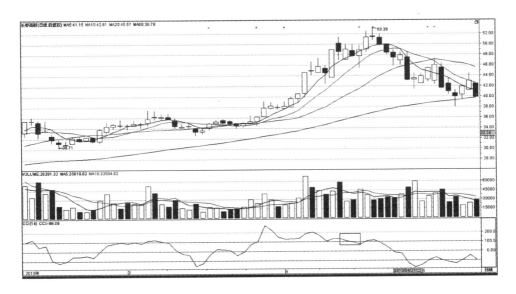

图 4 - 24　长春高新　000661

2. 持股持币信号

（1）当 14 日 CCI 曲线向上突破 + 100（数值或线、下同），而进入非常态区间后，只要 CCI 曲线始终运行在 + 100 线上方，就意味着股价的强势不改，这是 CCI 指标发出的持股待涨信号。特别是那些股价同时运行在中短期均线上方的股票，这种持股信号更加准确。此时，投资者应坚决持股待涨。如图 4 - 25 所示。

（2）当 14 日 CCI 曲线向下突破 - 100（数值或线、下同），而进入非常态区间后，只要 CCI 曲线始终运行在 - 100 下方，就意味着股价的弱势不改，这是 CCI 指标发出的持币观望信号。特别是那些股价运行在中长期均线下方的股票，这种持币观望信号更加准确。此时，投资者应坚决持币观望。如图 4 - 26 所示。

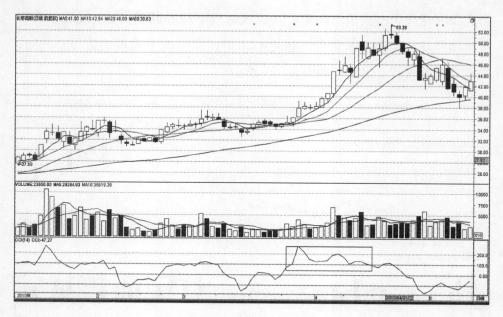

图 4 - 25　长春高新　000661

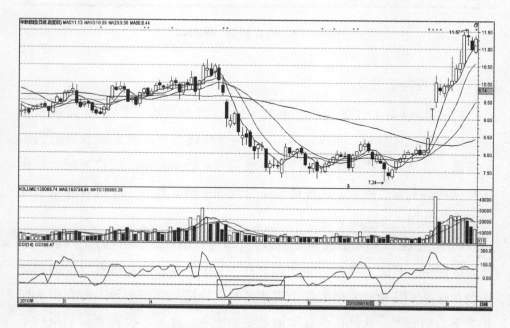

图 4 - 26　华联综超　600361

第四节　动量指标——MTM

MTM 指标又叫动量指标，其英文全称是"Momentom Index"，是一种专门研究股价波动的中短期技术分析工具。

一、MTM 指标的原理

动量指标 MTM 是一种利用动力学原理，专门研究股价在波动过程中各种加速、惯性作用以及由静到动或由动转静的现象。动量指标的理论基础是价格与供求量的关系。它认为股价的涨跌幅度随着时间的推移会逐渐变小，股价变化的速度也会慢慢减缓，行情就可能反转。在多头行情里，随着股价不断上升，股价上涨的能量和速度必将日渐萎缩，当上涨的能量和速度减小到一定程度时，行情将会出现大幅回档整理或见顶反转的行情，而在空头行情里，随着股价不断下跌，股价下跌的能量和速度也将日渐萎缩，当下跌的能量和速度萎缩到一定程度时，行情也会出现大幅反弹或见底反转的行情。

因此，动量指标就是通过观察股价波动的速度，衡量股价波动的动能，从而揭示股价反转的规律，为投资者正确地买卖股票提供重要的参考。

二、MTM 指标的一般研判标准

MTM 指标的一般研判标准主要集中在 0 轴线的重要参考作用、MTM 线与股价曲线的配合使用，以及 MTM 曲线的形态等方面进行分析。以 12 日 MTM 指标为例，具体分析如下：

1．0轴线的重要参考作用

（1）MTM指标是以0轴线为中心线。MTM曲线主要是以其为中心，围绕其上下波动。

（2）当MTM曲线在0轴线上方时，说明多头力量强于空头力量，股价处于上升或高位盘整阶段。

（3）当MTM曲线在0轴线下方时，说明空头力量强于多头力量，股价处于下跌或低位盘整阶段。

（4）当MTM曲线从0轴线下方开始向上突破0轴线时，说明股市多头力量逐渐强大，股价向上运动的能量开始放出，股价将加速向上运动，是较强的中长线买入信号，投资者应及时买入股票。

（5）当MTM曲线从0轴线上方开始向下突破0轴线时，说明股市的空头力量逐渐强大，股价向下运动的能量更加强大，股价的下跌速度也将加快，是较强的中长线卖出信号，投资者应及时全部卖出股票或持币观望。

（6）当MTM曲线从0轴线下方向上突破0轴线并向上运动较长的一段时间以后，如果股价向上运动的加速度开始放缓，说明股市的多头力量开始衰弱，一旦MTM曲线开始掉头向下，预示着股价将见顶回落，是较强的短线卖出信号，投资者应及时短线全部卖出股票。

（7）当MTM曲线从0轴线上方向下突破0轴线并向下运动了较长的一段时间以后，如果股价向下运动的加速度开始放慢，说明股市的空头力量开始衰弱，一旦MTM曲线开始勾头向上，预示着股价将短期见底反弹，是较好的短线买入信号，投资者可以开始少量建仓。

（8）当MTM曲线向上突破0轴线后，只要MTM曲线不掉头向下，说明股价向上运动的速度和能量始终能支撑着股价的上涨，是很强的持股待涨信号，投资者应坚决一路持有股票，直到MTM曲线有掉头向下的迹象为止。

（9）当MTM曲线向下突破0轴线后，只要MTM曲线没有勾头向上，说明股价向下运动的能量还是比较大，是较强的持币观望信号，投资者最好一路持币观望，尽量少做反弹，直到股价完全止跌向上为止。

2. MTM 曲线与股价曲线的配合使用

（1）当 MTM 曲线与股价曲线从低位同步上升，表明短期内股价有继续上涨趋势，投资者应继续持股或逢低买入。

（2）当 MTM 曲线与股价曲线从高位同步下降，表明短期内股价有继续下跌趋势，投资者应继续持币观望或逢高卖出。

（3）当 MTM 曲线从高位回落，经过一段时间强势盘整后再度向上并创出新高，而股价曲线也在高位强势盘整后再度上升创出新高，表明股价的上涨动力依然较强，投资者可继续持股待涨。

（4）当 MTM 曲线从高位回落，经过一段时间盘整后再度向上，但到了前期高点附近时却掉头向下、未能创出新高时，而股价曲线还在缓慢上升并创出新高，MTM 曲线和股价曲线在高位形成了相反的走势，这可能就意味着股价上涨的动力开始减弱，MTM 指标出现了顶背离现象。此时投资者应千万小心，一旦股价从下，应果断及时地离场。

（5）当 MTM 曲线在长期弱势下跌过程中，经过一段时间弱势反弹后再度向下并创出新低，而股价曲线也在弱势盘整后再度向下创出新低，表明股价的下跌动能依然较强，投资者可继续持币观望。

（6）当 MTM 曲线从低位向上反弹到一定高位、再度向下回落，但回调到前期低点附近时止跌站稳、未能创出新低时，而股价曲线还在缓慢下降并创出新低，MTM 曲线和股价曲线在低位形成相反的走势，这可能就意味着股价下跌的动能开始衰弱，MTM 指标出现了底背离现象。此时投资者也应密切关注股价动向，一旦股价向上就可以短线买入，等待反弹的出现。

3. MTM 指标的曲线形态

当 MTM 指标在高位盘整或低位横盘时所出现的各种形态也是判断行情，决定买卖行动的一种分析方法。

（1）当 MTM 曲线在高位形成 M 头或三重顶等高位反转形态时，意味着股价的上升动能已经衰竭，股价有可能出现长期反转行情，投资者应及时地卖出股票。如果股价走势曲线也先后出现同样形态则更可确认，股价下跌的幅度和过程可参照 M 头或三重顶等顶部反转形态的研判，如图 4 - 27 所示。

图 4 - 27　辽宁成大　600739

（2）当 MTM 曲线在低位形成 W 底或三重底等低位反转形态时，意味着股价的下跌动能已经减弱，股价有可能构筑中长期底部，投资者可逢低分批建仓。如果股价走势曲线也先后出现同样形态则更可确认，股价的上涨幅度及过程可参照 W 底或三重底等底部反转形态的研判。如图 4 - 28 所示。

一般而言，MTM 曲线顶部反转形态对行情判断的准确性要高于底部形态。

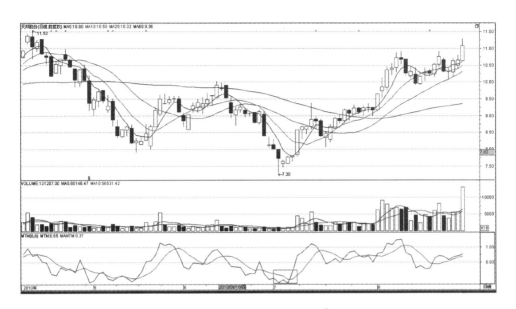

图 4 – 28　天邦股份　002124

三、MTM 曲线的特殊分析方法

在股市大多数分析软件中，MTM 指标曲线是由 MTM 曲线和 MTMMA 曲线构成，这两种都有自己不同的分析方法。在实际操作中，我们既可以将 MTMMA 曲线的分析参数设定为 1，这样 MTM 指标就变成由一条 MTM 曲线构成，其研判的方法与上述的方法就一样，这里就不展开论述。另外，我们还可以把 MTMMA 曲线的分析参数不设定为 1，这样就可以利用 MTM 曲线和 MTMMA 曲线的交叉情况来分析行情。

以日 MTM 曲线中的分析参数设定为 24 日、MTMMA 曲线的分析参数也设定为 24 日为例，其主要分析方法如下：

（1）当 MTM 曲线和 MTMMA 曲线经过长时间的底部整理后，MTM 曲线开始向上运行，MTMMA 曲线也同时走平或小幅上升，说明股价上涨的动能开始增强，股价的长期向上运动趋势初步形成，投资者可以开始逢低

吸纳股票。

（2）当MTM曲线开始向上突破MTMMA曲线时，说明股价的上涨动能已经相当充分，股价的长期向上趋势已经形成，如果伴随较大的成交量配合则更可确认，投资者应坚决地全仓买入股票。

（3）当MTM曲线向上突破MTMMA曲线并运行一段时间后，又开始向下回调并靠近或触及MTMMA曲线，只要MTM曲线没有有效跌破MTM-MA曲线，都表明股价属于强势整理。一旦MTM曲线再度转身向上时，表明股价的动能再次聚集，股价将进入强势拉升阶段，投资者可以及时买入股票或持股待涨。

（4）当MTM曲线和MTMMA曲线再度同时向上延伸时，表明股价的强势依旧，投资者可一路持股待涨。

（5）当MTM曲线和MTMMA曲线同时向上运行较长的一段时间后，由于MTM曲线运行速度超过MTMMA从而远离MTMMA曲线时，一旦MTM曲线掉头向下，说明股价上涨的动能消耗过大，股价有短线回调的要求，投资者应及时逢高减磅。

（6）当MTM曲线从高位向下突破MTMMA曲线时，表明股价上升动能已经衰竭而下降的动能开始积聚，股价的长期上升趋势已经结束，而长期下降趋势开始形成，投资者应坚决及时地卖出全部股票。

（7）当MTM曲线向下突破MTMMA曲线后，MTMMA曲线也开始向下掉头运行时，表明股价下跌动能开始加强，股价的长期下降趋势日益明显，投资者应坚决一路持币观望或逢高卖出剩余的股票。

（8）当MTM曲线在MTMMA曲线下方一直向下运行时，说明股价的弱势特征极为明显，投资者唯一能采取的投资决策就是持币观望。

（9）当MTM曲线在MTMMA曲线下方运行很长一段时间后，开始慢慢掉头向上时，说明股价的下跌动能暂时减缓，股价处于弱势整理格局，投资者还应继续观察，不要轻易采取行动。

（10）当MTM曲线在MTMMA曲线下方开始向上突破MTMMA曲线时，

说明股价的反弹动能开始加强，股价将止跌反弹，此时，投资者可以少量买入股票做短线反弹行情但不可恋战，一旦行情再度向下，及时离场观望，直到股价长期下降趋势结束。

四、MTM 指标的实战技巧

MTM 指标比较适合用于股票中长线投资的研判，它的构造也比较简单，在大部分股市分析软件上，主要是由 MTM 和 MTMMA 两条曲线组成，其研判也主要集中在 MTM 曲线和 MTMMA 曲线的相交情况（"金叉"、"死叉"）以及这两条曲线的运行方向上。另外，也有部分股市分析软件上的 MTM 指标是由一条 MTM 曲线构成，这种情况下，MTM 指标的研判主要集中在 MTM 曲线的运行方向及 MTM 曲线与 0 值线的关系上。

下面我们就以 12 日 MTM 和 6 日 MTMMA 曲线组成的 MTM 指标为例，来揭示 MTM 指标的买卖和观望功能。

1. 买卖功能

（1）当 12 日 MTM 曲线和 6 日 MTMMA 曲线经过长时间的中低位整理后，一旦 12 日 MTM 曲线开始向上突破 6 日 MTMMA 曲线时，说明股价的上涨动能已经相当充分，股价的中长期向上趋势已经形成，这是 MTM 指标发出的中长期买入信号，特别是对于那些股价已经突破中长期均线压力、并且伴随较大的成交量配合的股票，这种买入信号则更可确认。此时，投资者应坚决地全仓买入股票。如图 4 - 29 所示。

（2）当 12 日 MTM 曲线和 6 日 MTMMA 曲线都在高位盘整时，一旦 12 日 MTM 曲线向下突破 6 日 MTMMA 曲线，则表明股价上升动能已经衰竭而下降的动能开始积聚，股价的长期上升趋势已经结束，而长期下降趋势开始形成，这是 MTM 指标发出的中长期卖出信号，特别是对于那些股价已经突破中短期均线的股票，这种信号更加明显。此时，投资者应及时逢高卖出股票。如图 4 - 30 所示。

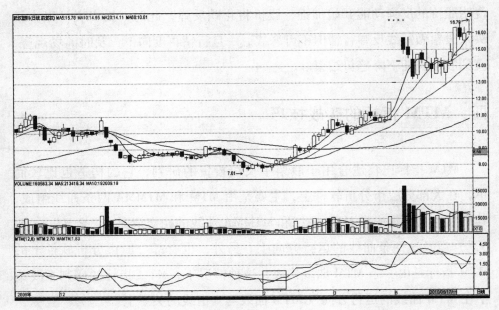

图 4－29　武汉塑料（湖北广电）　　000665

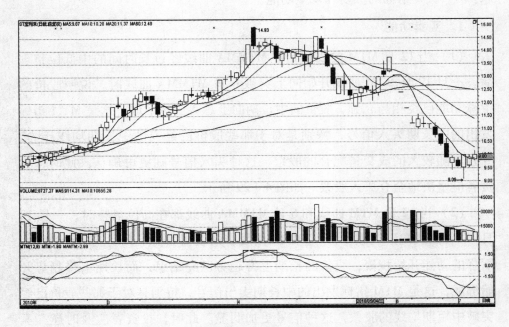

图 4－30　ST 宝利来（神州高铁）　　000008

2. 持股持币功能

（1）当 12 日 MTM 曲线向上突破 6 日 MTMMA 曲线后，如果这两条曲线同时向上延伸时，表明股价的上涨动能快速聚集，股价将进入强势拉升阶段，这是 MTM 指标发出的持股待涨信号，特别是对于那些股价依托中短期均线向上攀升的股票，这种持股信号更加明显。此时，投资者可一路持股待涨。如图 4 - 31 所示。

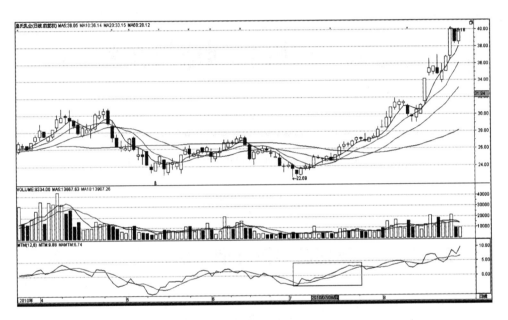

图 4 - 31　皇氏乳业（皇氏集团）　002329

（2）当 12 日 MTM 曲线在高位向下突破 6 日 MTMMA 曲线后，如果这两条曲线同时向下延伸时，表明股价的下跌动能逐渐增强，股价将进入弱势阴跌阶段，这是 MTM 指标发出的持币观望信号，特别是对于那些股价被中长期均线压制下行的股票，这种持币信号更加明显。此时，投资者应以一路持币观望为主，尽量少做反弹。如图 4 - 32 所示。

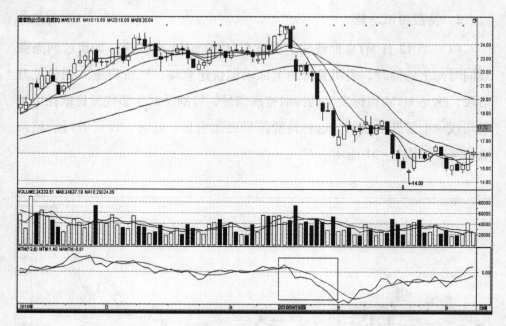

图4－32　鑫富药业（亿帆鑫富）　　002019

第五节　三重指数平滑移动平均指标——TRIX

指标又叫三重指数平滑移动平均指标，其英文全名为"Triple Exponentially Smoothed Average"，是一种研究股价趋势的长期技术分析工具。

一、TRIX 指标的原理

TRIX 指标是根据移动平均线理论，对某条平均线进行 3 次平滑处理，再根据这条移动平均线的变动情况来预测股价的长期走势。

与 TRMA 等趋向类指标一样，TRIX 指标一方面忽略价格短期波动的干扰，除去移动平均线频繁发出假信号的缺陷，以最大可能地减少主力"骗线行为"的干扰，避免由于交易行为过于频繁而造成较大交易成本的浪费；二则保留移动平均线的效果，凸现股价未来长期运动趋势，使投资者对未来较长时间内股价运动趋势有个直观、准确的了解，从而降低投资者深度套牢和跑丢"黑马"的风险。因此，对于稳健型的长期投资者来说，TRIX指标对实战提供有益的参考。

二、TRIX 指标的一般研判标准

TRIX 指标是属于中长线指标，其最大的优点就是可以过滤短期波动的干扰，以避免频繁操作而带来的失误和损失。因此 TRIX 指标最适合于对行情的中长期走势的研判。在股市软件上 TRIX 指标有两条线，一条线为 TRIX 线，另一条线为 TRMA 线。TRIX 指标的一般研判标准主要集中在 TRIX 线和 TRMA 线的交叉情况的考察上。其基本分析内容如下：

（1）当 TRIX 线一旦从下向上突破 TRMA 线，形成"金叉"时，预示着股价开始进入强势拉升阶段，投资者应及时买进股票。

（2）当 TRIX 线向上突破 TRMA 线后，TRIX 线和 TRMA 线同时向上运动时，预示着股价强势依旧，投资者应坚决持股待涨。

（3）当 TRIX 线在高位有走平或掉头向下时，可能预示着股价强势特征即将结束，投资者应密切注意股价的走势，一旦 K 线图上的股价出现大跌迹象，投资者应及时卖出股票。

（4）当 TRIX 线在高位向下突破 TRMA 线，形成"死叉"时，预示着股价强势上涨行情已经结束，投资者应坚决卖出余下股票，及时离场观望。

（5）当 TRIX 线向下突破 TRMA 线后，TRIX 线和 TRMA 线同时向下运动时，预示着股价弱势特征依旧，投资者应坚决持币观望。

（6）当 TRIX 线在 TRMA 下方向下运动很长一段时间后，并且股价已经有较大的跌幅时，如果 TRIX 线在底部有走平或向上勾头迹象时，一

旦股价在大的成交量推动下向上攀升时，投资者可以及时少量地中线建仓。

（7）当TRIX线再次向上突破TRMA线时，预示着股价将重拾升势，投资者可及时买入，持股待涨。

（8）TRIX指标不适用于对股价的盘整行情的研判。

三、TRIX指标的特殊分析方法

TRIX指标的特殊研判主要集中在三点，一是TRIX线和TRMA线的几次交叉情况的研判，二是均线先行原则，三是TRIX不同参数的修改及使用范围上。

1. TRIX线和TRMA线的几次交叉情况

一般而言，在一个股票的完整的升势和跌势过程中，TRIX指标中的TRIX线和TRMA线会出现两次或两次以上的"黄金交叉"和"死亡交叉"情况。

（1）当股价经过一段很长时间的下跌行情后，TRIX线开始向上突破TRMA线时，表明股市即将转强，股价跌势已经结束，将止跌朝上，可以开始买进股票，进行中长线建仓。这是TRIX指标"黄金交叉"的一种形式，如图4－33所示。

（2）当股价经过一段时间的上升过程中的盘整行情后，TRIX线开始再次向上突破TRMA线，成交量再度放大时，表明股市处于一种强势之中，股价将再次上涨，可以加码买进股票或持股待涨，这就是TRIX指标"黄金交叉"的一种形式，如图4－34所示。

（3）当股价经过前期一段很长时间的上升行情后，股价涨幅已经很大的情况下，一旦TRIX线向下突破TRMA时，表明股市即将由强势转为弱势，股价将大跌，这时应卖出大部分股票而不能买股票，这就是TRMA指标的"死亡交叉"的一种形式，如图4－35所示。

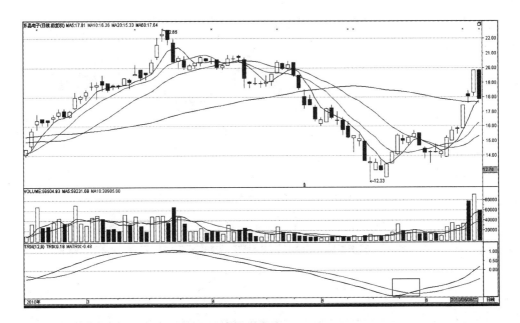

图 4－33 东晶电子 002199

图 4－34 宏达新材 002211

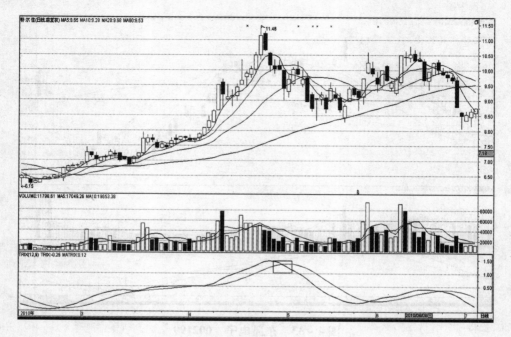

图4-35　特尔佳　002213

（4）当股价经过一段时间的下跌后，而股价向上上涨的动力缺乏，各种均线对股价形成较强的压力时，一旦 TRIX 线再次向下突破 TRMA 线时，表明股市将再次进入极度弱市中，股价还将下跌，可以再卖出股票或观望，这是 TRMA 指标"死亡交叉"的另一种形式，如图4-36所示。

2. TRIX 指标曲线的形态

当 TRIX 指标在高位盘整或低位横盘时所出现的各种形态也是判断行情，决定买卖行动的一种分析方法。

（1）当 TRIX 曲线在高位形成 M 头或三重顶等高位反转形态时，意味着股价的上升动能已经衰竭，股价有可能出现长期反转行情，投资者应及时卖出股票。如果股价走势曲线也先后出现同样形态则更可确认，股价下跌的幅度和过程可参照 M 头或三重顶等顶部反转形态的研判。

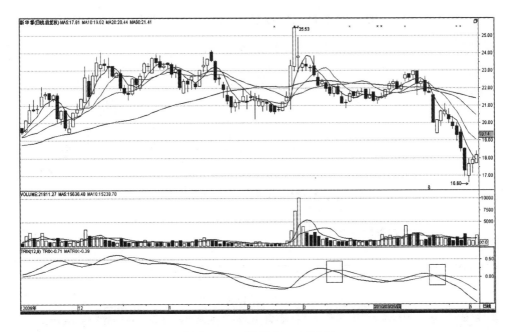

图 4 - 36　新华都　002264

（2）当 TRIX 曲线在低位形成 W 底或三重底等低位反转形态时，意味着股价的下跌动能已经减弱，股价有可能构筑中长期底部，投资者可逢低分批建仓。如果股价走势曲线也先后出现同样形态则更可确认，股价的上涨幅度及过程可参照 W 底或三重底等底部反转形态的研判。

（3）TRIX 曲线顶部反转形态对行情判断的准确性要高于底部形态。

3. TRIX 指标的背离

TRIX 指标的背离是指 TRIX 指标曲线的走势和股价 K 线图上的走势正好相反。和其他技术分析指标一样，TRIX 指标的背离也分为顶背离和底背离两种。

（1）顶背离。

当股价 K 线图上的股票走势一峰比一峰高，股价在一直向上涨，而 TRIX 指标图上的 TRIX 曲线的走势是在高位一峰比一峰低，这叫顶背离现

象。顶背离现象一般是股价将高位反转的信号，表明股价短期内即将下跌，是比较强烈的卖出信号，如图4-37所示。

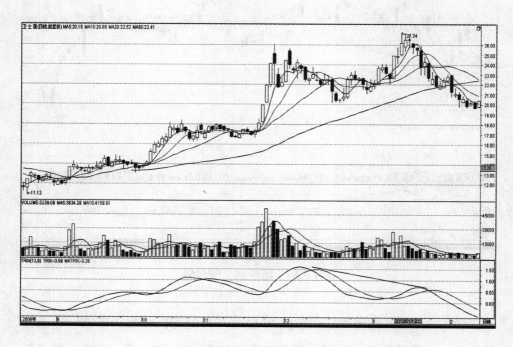

图4-37　卫士通　002268

（2）底背离。

当股价K线图上的股票走势一峰比一峰低，股价在向下跌，而TRIX指标图上的TRIX曲线的走势是在低位一底比一底高，这叫底背离现象。底背离现象一般是股价即将低位反转的信号，表明股价短期内即将上涨，是比较强烈的买入信号，如图4-38所示。

指标背离一般出现在强势行情中比较可靠。即股价在高位时，通常只需出现一次顶背离的形态即可确认行情的顶部反转，而股价在低位时，一般要反复出现多次底背离后才可确认行情的底部反转。

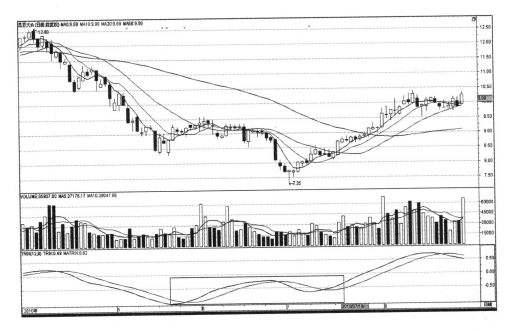

图 4 - 38　昆百大 A　000560

四、TRIX 指标的实战技巧

　　和其他指标相比，TRIX 指标是比较适合用于股票中长线投资的研判，它的构造也比较简单，在股市分析软件上，它主要是由 TRIX 和 TRMA 两条曲线组成，其研判也主要集中在 TRIX 曲线和 TRMA 曲线的相交情况（"金叉"、"死叉"），以及这两条曲线的运行方向上。

　　下面我们就以 12 日 TRIX 和 9 日 TRMA 曲线组成的 TRIX 指标为例，来揭示 TRIX 指标的买卖和观望功能。

　　1. 买卖功能

　　（1）当股价在上升过程中，经过一段较长时间的盘整行情后，12 日 TRIX 曲线开始向上突破 9 日 TRMA 曲线，并且有比较大成交量放出时，

表明股市强势行情已经形成，股价将进入快速拉升阶段，这是 TRIX 指标发出的中长线买入信号。特别是那些股价也同时站在中长期均线上方的股票，这种买入信号更加明显。此时，投资者应及时买入。如图 4 - 39 所示。

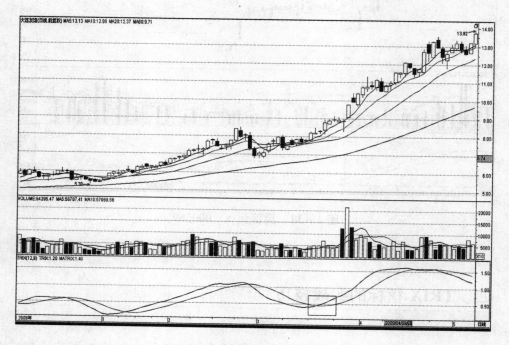

图 4 - 39　大连友谊　000679

（2）当股价在中高位盘整过程中，一旦 12 日 TRIX 曲线开始向下突破 9 日 TRMA 曲线，表明股市的高位整理行情即将结束，行情可能反转朝下，这是 TRIX 指标发出的中长线卖出信号。特别是那些股价也先后跌破中长期均线的股票，这种卖出信号更加准确。此时，投资者应及时逢高卖出。如图 4 - 40 所示。

2. 持股持币功能

（1）当股价在中低位盘整过程中，一旦 12 日 TRIX 曲线向上突破 9 日

图 4 - 40　盾安环境　002011

TRMA 曲线后，这两条曲线同时向上运行时，表明股价处于一种中长期的强势推升行情之中，这是 TRIX 指标发出的中长线持股待涨信号。特别是那些股价运行在中长期均线上的股票，这种持股信号更加准确。此时，投资者应坚决持股待涨或逢低买入。如图 4 - 41 所示。

（2）当股价处于中高位向下反转的时候，只要 12 日 TRIX 曲线运行在 9 日 TRMA 曲线之下，并且这两条曲线几乎同时向下运行，就表明股市处于中长期弱势行情之中，股价将阴跌不止，这是 TRIX 指标发出的中长线持币观望信号，如图 4 - 42 所示。特别是那些股价运行在中短期均线之下的股票，这种持币信号更加明显。此时，投资者应以持币观望为主。

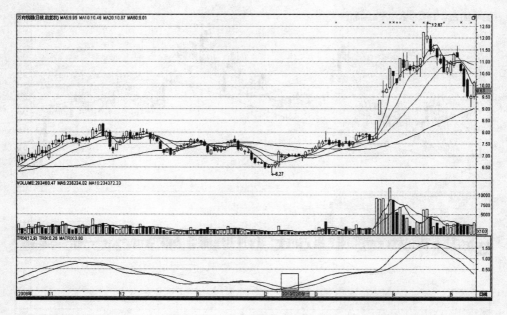

图4－41　万向钱潮　000559

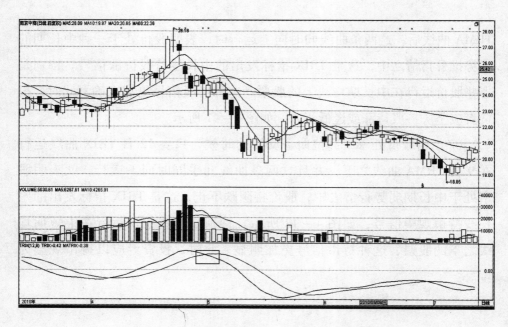

图4－42　南京中商（中央商场）　600280

炒 股 经

要在股市捉黑马，股价初起量当家。二波介入吃主段，洗盘过后从底抓。

缩量回调是关键，低头饮水位最佳。注意趋势必向上，下沿低吸利最大。

MACD 在 0 轴上，二次翻红出金叉。月线走平周线翘，跌破均线等一下。

配合异动跟踪仪，二次突破重仓杀。放量回升最最好，短线获利笑哈哈。

要想翻番莫急躁，中线持股利最大。注意区分腰与顶，切莫畏惧涨幅大。

缩量涨升财源滚，一直持股到老家。腰部回调不放量，横盘震荡价不下。

中长均线不破坏，最多不过走麻花。一放巨量天价区，谨慎持股易暴发。

后续量大价不上，次日就要警惕它。一旦股价跨出轨，慢牛可望变疯马。

趋势越陡越不稳，时刻提防往下砸。股价滞涨顶临近，稳健之人卖掉它。

EMV 要天天看，均值破需快回家。ROC 可做参考，W%R 触顶三四下。

OBV 箭头时常数，周 KD 是否已钝化。SAR 做止损，EXPMA 出死叉。

巨量擎起上影线，大盘顶部出警察。急流勇退不恋战，闯红灯者必重罚。

下个轮回再相见，三波下跌不管它。站稳之后春风起，大草原里寻黑马。

（引自百度博客）

参 考 文 献

［1］姜金胜著．股票操作指标精粹．上海：东华大学出版社，2007．

［2］一阳著．短线天王．海口：海南出版社，2007．

［3］张龄松，罗俊著．股票操作学．台湾：台湾证券出版社股份有限公司，1999．

［4］唐能通著．短线是银．成都：四川人民出版社

［5］黎航主编．股市操练大全．上海：上海三联书店，1999．